그 게임, 내가 만들었어요

일러두기

• 본문 중에 단행본은 겹화살괄호《 》, 게임, 영화, 만화는 홑화살괄호〈 〉로 표
   기하였다.

그 게임, 내가 만들었어요

엔씨소프트 〈블레이드 앤 소울〉 게임 기획자가 말하는 직업의 세계

이진희 지음

행성B

차례

2부 `LOGIN`
출근을 합니다 ────────────

3부 `LOADING`
게임을 만듭니다 ━━━━━━━━━━

4부 (PLAY)
생각을 합니다 ━━━━━━━━━━

5부 (UPDATE)
미래를 꿈꿉니다 ━━━━━━━━━━

내가 게임 기획자가 된 특별한 이유가 있었다면 쓸 말이 길어졌겠지만 사실 그런 건 없다. 게임 기획자가 되기로 결심한 초등학생 이후에 그 꿈은 한 번도 변하지 않았다. 내게 게임 기획자가 되는 건 너무 당연하고 자연스럽게 느껴졌다. 게임 기획자치곤 특이하게 영화를 전공한 것도 게임 기획자로 일하는 데 도움이 되지 않을까 싶어 선택한 결과였다. 처음 대학에 들어가서 자기소개를 할 때도 나중에 게임 기획자가 되고 싶다고 이야기해 모두를 당황하게 만들었다. 이런 나였기에 사회 초년생이라면 누구나 할법한 '과연 이 길이 맞을까?'와 같은 생각 따윈 하지 않았다. 취업이 늦어질 때도 일을 빨리 시작하지 못하고 있다는 사실에 대한 조급함이 전부였다.

자아실현(自我實現)은 수많은 직장인의 영원한 고민거리다. 많은 사람이 좋아하는 일보다는 잘하는 일이나 돈을 많이 버는 일을 선택한다. 이나모리 가즈오의 《왜 일하는가?》라는 책에서는 사람이 좋아하는 일을 할 확률을 만분의 일이라고 한다. 사람들이 파이어족을 꿈꾸며 조기은퇴를 하려는 이유 중 상당수는 좋아하는 일을 하기 위해서다. 애니메이션 업계에서 게임 업계로 이직하는 사람이 많은 이유도 돈 때문이다. 여러모로 좋아하는 일을 하며 살기 힘든 게 현실이다. 다행이라면 게임 기획자가 박봉은 아니라는 점이다. 좋아하는 일을 하면서 생활을 영위할 수 있다는 점에서 게임 기획자는 최고의 직업 중 하나라 생각한다.

게임 산업의 규모가 커지면서 게임 기획자란 직업 자체는 많이 알려졌지만, 제대로 알고 있는 사람은 드물다. 인터넷에 게임 기획자를 검색하면 피상적인 내용이 대부분이다. 그 흔한 직업 에세이조차 없다. 최근엔 학원에서 만들어낸 취업 관련 정보만 넘쳐난다. 게임은 철저하게 산업의 측면에서 이야기된다. 하지만 그 안에는 게임 개발자라 불리는 게임을 만드는 사람이 있다. 대학 시절의 나는 영화에 대해 알고 싶어서 영화 잡지를 많이 읽었다. 시작은 영화 자체였지만 차츰 영화를 만드는 사람에 관한 이야기가 더 흥미롭게 느껴졌다. 이 책 역시 그와 같은 이유로 썼다. 게임 기획자가 어떤 생각과 고민을 하고, 어떤 경험을 하는지 누군가는 궁금해하지 않을까 생각했다. 지망생이 아니어도 게임 기획자가 어떤 일을 하는지 알고 싶은 사람이 봐도 괜찮은 책이다.

책을 쓰면서 게임 기획자가 되어 꿈꿨던 목표가 새삼 떠올랐다. 콘솔 게임의 디렉터. 나는 흔히 말하는 트리플 A 게임을 만들고 싶었다. 그러나 막상 게임 업계에 발을 들이니 그런 기회를 얻는다는 건 기적에 가까웠다. 우리나라가 온라인 게임 강국인 이유는 온라인 게임만 만들어서다. 콘솔 게임을 만드는 회사의 수가 압도적으로 적다. 그렇다고 이 꿈을 포기하진 않았다. 꿈은 그 자체로 소중하니까.

대신 또 다른 목표가 생겼다. 다양한 장르의 게임을 가능한 한 많이 만드는 것이다. 새로운 게임에 도전하는 건 정말 즐거운 일이다. 하지만 도전에는 수많은 시행착오와 크고 작은 실패가 따라온다. 그동안 늘 그래왔다. 그럼에도 이 과정에서의 경험은 나를 성장시켜 왔으며 게임 업계에 오래 머물게 하는 원동력이 되었다. 묵묵히 가다 보면 잠시 접어둔 첫 번째 목표도 이룰 수 있지 않을까 생각해 본다.

1부

SIGN UP

게임 기획자입니다

오락실에서 태어나
콘솔로 자랐습니다

SIGN UP

게임에 대한 나의 가장 오래된 기억은 지금은 게임 센터라 불리는 오락실이었다. 게임 한판을 하려면 50원이 필요했다. 지금의 50원은 화폐 가치가 없지만 그때는 학교 앞 분식점에서 판매하는 어묵과 아이스크림을 사 먹을 수 있을 정도의 금액이었다. 게임에 따라선 2인용으로 플레이할 수도 있었다.

람보는 그런 2인 플레이가 가능한 게임이었다. SNK에서 만든 정식 명칭은 이카리 IKARI 였지만 누가 봐도 람보를 모티브로 만들어졌고 알파벳을 읽을 수 있는 사람이 드문

(?) 시대여서 그냥 '람보'로 알려졌다. 그때는 오락실 외에 공간에서는 게임하기가 쉽지 않았다. 인터넷은 당연히 없었고, PC도 흔하지 않았다. 게임 라이프가 지금과는 너무나 달랐다. 이렇게 이야기하면 아주 옛날 사람 같지만 통계학적으론 나도 MZ세대에 속한다.

게임과 함께 살아온 지도 30년이 훌쩍 넘었다. 엄마 몰래 저금통을 털어서 동네 오락실을 드나들던 아이는 게임 기획자가 되었다. 그렇게 누군가는 부러워할 수도 있는 '덕업일치'의 삶을 살아오고 있다. 왜 하필 게임이었냐고 묻는다면 '게임이라서'라는 말이 제일 정확한 답변이다. 게임만의 특징인 '상호작용interaction'이 나를 게임의 세계로 끌어들였다. 한때는 결론이 정해져 있는 드라마나 영화는 시시하다고 생각할 정도로 게임에 빠졌다. 게임만이 줄 수 있는 마법(상호작용)에 매혹될 수밖에 없었던 것은 운명이었다(커서 게임 기획자가 되어보니 게임 역시 결론이 정해져 있다는 걸 뒤늦게 알았다).

내가 게임을 즐겼던 세 축은 오락실, PC, 콘솔이었다. 당시에 게임을 할 수 있는 모든 플랫폼에서 게임을 했다고 보면 된다. 앞서 잠깐 이야기했던 오락실은 당시 학생이 가지 말아야 할 대표적인 장소였다. 그때 게임은 '오락'

이라 불렸던 아주 불량한 놀이였고, 동네 오락실은 불량 청소년들의 본거지이기도 했다. 한두 번이었지만 나도 동네 형들한테 돈을 뺏긴 기억도 있다. 그럼에도 학교를 마치면 어김없이 들러서 게임을 했다. 그중에서도 〈스트리트 파이터〉, 〈더 킹 오브 파이터즈〉, 〈철권〉 같은 대전 액션 게임의 인기가 가장 좋았다. 대전 액션 게임이 인기가 높았던 이유는 오프라인이긴 하지만 사람과 대결을 할 수 있다는 데 있다. 플레이 경험 자체는 온라인 게임과 다를 게 없기에 그 시절 남학생들이 가장 많이 하는 게임이었다. 오락실은 지하에 있는 경우가 많았고, 문을 열어놓을 수 없었기에 대체로 환기가 잘 되진 않았다. 그래서 늘 오락실 특유의 냄새가 났지만 이것도 나름대로의 분위기가 있었다.

당시 PC는 환경이 지금과는 매우 달랐는데, DOS를 사용했다. DOS는 GUIgraphical user interface 이전에 존재한 운영체제다. 윈도 검색창에 CMD를 치면 나타나는 바로 그게 DOS다. 나처럼 DOS를 경험한 세대라면 지금의 GUI가 얼마나 획기적인지 안다. 여하튼 DOS 시대라 불리는 시기에는 흑백 모니터가 존재했고 플로피 디스켓이라는 구시대의 유물을 사용했다. 지금과 같은 하드디스크가 없었기 때문에 게임 중간중간 플로피 디스켓을 바꿔야만 했다. 〈스트리트 파이터〉의 해적판 PC 버전의 경우 캐릭터 하나당 캐릭터에 해당하는 플로피 디스켓이 존재했다. 그래서 대전할 캐릭터가 바뀌면 플로피 디스켓을 바꿔가며 플레이해야 했다. 나는 애매한 시대에 태어나서 그런지 지금의 PC로 변하는 과도기를 모두 경험할 수 있었다. 언젠가 〈응답하라〉 시리즈에 나와도 어색하지 않을 그런 감성이 가득한 시대였다.

내가 처음 접한 콘솔 게임기는 8비트 게임기였다. 비트의 개념이 생소할 수 있는데, 8비트를 기본 처리 단위로 하는 CPU로 돌아가는 게임기를 말한다. 대체로 닌텐도에서 개발한 패미컴을 의미한다. 이 패미컴은 조금 다른 외형의 '현대 컴보이'라는 이름으로 국내에 정식 발매되기도 했다. 닌텐도라고 하면 〈마리오〉와 스위치를 떠올리겠지만, 〈마리오〉를 데뷔시킨 게임기가 바로 패미컴이다. 이전에도 콘솔 게임기는 존재했지만, 본격적인 대중화는 패미컴이 시작이었다. 이후에 16비트 게임기인 슈퍼 패미컴, 32비트 게임기라 불리는 플레이스테이션이 연이어 출시되었다. 이후 CPU의 속도가 좋아지면서 비트 개념으로는 게임기를 부르지 않게 된다. 내가 가장 사랑한 건 콘솔 게임이었다. 지금은 일 때문에 온라인 게임을 하느라 관계가 소원해지긴 했지만, 게임은 안 해도 여전히 꼬박꼬박 사 모으고 있다.

이 시대의 게임들은 지금 기준으로는 많이 허술해 보이는 게 사실이다. 그러나 게임은 시대성이 존재해서 출시된 시점에 플레이하지 않으면 그 게임을 완전하게 이해하긴 힘들다. 그때 게임을 플레이한 사람들만 공감할 수 있는 무언가가 존재한다. 이제는 민속놀이라 불리는 〈스타크래프트〉를 지금의 어린 친구들이 플레이하면 감흥은 다를 수밖에 없다. 운이 좋게도 나는 고전 명작이 쏟아져 나오던 시기의 열혈 게이머였다. 게임의 시대가 열린 1980년대가 나의 학창 시절이었다는 건 대단한 행운이었다고 생각한다.

공모전을 거쳐
연봉 1,700으로 업계 입성

〈스타크래프트〉 때문에 첫 수능과 재수를 연달아 제대로 말아먹은 나는 점수에 맞춰 게임학과에 진학했다. 당시에도 게임 기획자가 되고 싶다는 생각은 있었지만, 게임학과를 갈 생각은 없었다. 그러나 수능을 망친 나로선 선택지가 없었다. 그때나 지금이나 게임학과의 커트라인은 낮았다. 원하던 바는 아니었지만 게임 기획을 배울 수 있다는 생각에 기대가 컸다. 막상 다녀보니 게임 기획 관련 커리큘럼이 많이 부족했다. 내가 되고 싶은 건 게임 기획자였지만 커리큘럼은 프로그래밍 위주였다. 학업에 흥미를 잃은 나는 학교 수업이 아닌 〈디아블로 2〉를 하느라 1학기를 흘려보냈다. 블리자드가 만든 두 게임은 나의 인생의 엄청난 시간을 지워버렸다. 게임 용어로 표현하자면 시간을 '순삭'당했다. 애써 위안을 찾자면 나중에 〈월드 오브 워크래프트〉에는 완전히 빠지지 않았다는 점이다. 학교에 미련이 없었던 나는 제대 후에 다시 수능을 봐서 영화과에 입학했다.

게임 기획자 지망생이 영화를 전공한다고? 이상하게 생각할 수도 있겠지만 내 나름대로는 전략적인 선택이었다. 지금도 게임 기획자라면 당연히 시나리오를 쓴다고 생각하는 사람이 많은데, 나도 그중 하나였다. 영화를 전공해서 스토리와 영상을 공부한다면 나중에 게임 기획자가 되는 데 도움이 되지 않을까 막연하게 생각했다. 그렇게 가게 된 영화과는 나와 잘 맞아서 누구보다 열심히 공부했다. 조기 졸업을 할 정도로 성적은 좋았지만, 대학 시절의 공부가 취업에 직접적인 도움이 되진 않았다. 면접까지 가더라도 어김없이 영화를 전공하고 왜 게임 기획자가 되려고 하느냐는 질문을 받아야 했다. 서류 탈락은 일상이었고 어렵게 면접의 기회를 얻어도 번번이 최종에서 떨어지곤 했다. 지금은 검색만 하면 구직이나 취업 관련

자료를 쉽게 찾을 수 있지만 당시엔 그런 정보 자체가 없었다. 맨땅에 헤딩하다 머리에 피가 나도 다시 헤딩을 해야만 하는 그런 상황이랄까. 대학 졸업 후에 취업하기 전의 몇 개월은 내 인생 최고의 암흑기였다.

이 상황에서 나름의 돌파구를 찾기 위한 내 선택은 프로그래밍 언어를 배우는 것이었다. 게임과 접점이 없던 나로선 이력서에 뭐라도 쓸 거리가 필요했기 때문이다. 마침 국가에서 무료로 프로그래밍을 가르쳐주는 기관이 있었다. 일종의 직업 교육 같은 느낌이었다.

그렇다고 내가 프로그래머가 될 것은 아니어서 뭔가 더 할 게 없을까 이것저것 찾던 끝에 게임 아이디어 공모전을 알게 되었다. 이것 역시 내가 할 수 있는 최선의 선택이었다(게임 아이디어 공모전은 지금은 사라졌다. 게임을 만들기 좋은 환경이 갖춰지면서 굳이 실체도 없는 아이디어로 평가할 필요가 없어졌기 때문이다). 당시에 나는 한글 창제원리를 활용한 퍼즐 게임의 아이디어를 떠올려서 참가했다. 운인지 실력인지는 몰라도 수상의 영광을 누릴 수 있었다. 당시 경쟁률을 따진다면 1%가 되지 않는 확률이었다.

게임 아이디어 공모전 수상이라는 한 줄이 추가된 이

후에 게임 회사 두 곳에서 합격 통보를 받았다. 두 곳 모두 작은 회사였는데, 그중 한곳에서 제안받은 연봉은 놀랍게도 600만 원이었다. 신입은 바로 업무에 투입할 수 없으니 가르쳐야 한다는 게 이유였다. 한 달에 50만 원, 잘하면 나중에 월급을 올려준다는 희망적인(…) 말도 들었다. 그 제안을 거절하고 내가 최종적으로 입사한 회사의 연봉은 1,700만 원이었다. 퇴직금을 연봉에서 지급하는 곳이라 실제로 내가 받는 금액은 1/13인 130만 원이었다. 이것도 수습 기간이 지나고, 정규직으로 전환되는 순간 120만 원으로 줄어들었다. 당연히 불법이지만 10여 년 전만 해도 흔하게 벌어지는 일이었다. 이니셜이 S였던 두 회사는 지금도 건재할 뿐만 아니라 더 크게 성장했다. 놀랍게도 말이다.

게임 기획자의 연봉

연봉 1,700은 아주 오래전 얘기다. 지금 신입 게임 기획자의 초봉은 적어도 2,500에서 많게는 3,500 정도 된다. 매스컴에서 본 게임 기획자의 연봉보다 적다고 생각할지도 모르겠지만 고액 연봉은 큰 회사나 일부 회사만 해당하는 얘기다. 일부의 특별한 사례라 기사화되고 있다고 봐야 한다. 다행이라면 예전에 비하면 계속해서 높아지는 추세라는 것이다. 문제는 연봉의 급격한 상승으로 신인과 경력 간의 연봉이 역전되기도 한다는 점이다. 지금과 같은 과도기의 일시적인 현상이겠지만, 경력자 입장에서 상대적 박탈감이 드는 건 어쩔 수 없다.

창의성, 삐딱함, 진심으로 승부합니다

SIGN UP

　게임 기획자 이전의 내 장래 희망은 화가, 과학자, 고고학자 정도였다. 오랫동안 다닌 학원이라고 해봤자 미술 학원이 전부였다. 그 흔한 유치원도 안 다녔다. 남는 시간이 많아서 한가할 땐 주로 책을 읽었다. 그중에서도 전설 속에만 존재하던 트로이 유물을 발굴한 슐리만의 전기를 특히 좋아했다. 그 영향인지 내가 학창 시절에 가장 좋아했던 과목도 국사와 세계사였고, 트로이 유적을 발굴한 슐리만처럼 위대한 발견을 해내는 고고학자가 되겠다는 꿈을 꾸기도 했다.

뭐든 만드는 것을 좋아했던 어릴 적의 나는 과학자가 되고 싶다는 생각도 했다. 발명 관련 책을 많이 읽었고, 발명 대회에 나가기도 했다. 그때 여러 가지를 생각해 냈는데, 아직도 기억이 나는 건 진공청소기와 샴푸다. 진공청소기 뒤쪽에 걸레를 달면 청소기가 먼지를 흡입한 후에 걸레질도 되어서 청소를 한 번에 끝낼 수 있다고 생각했다. 실제로 내 생각과 똑같은 제품이 출시되었는데, 그다지 유용하지 않았던지 바로 사라져버렸다. 샴푸는 발명이라고 하기 약간 애매한데, 그냥 샴푸에 린스를 섞는 아이디어였다. 당시에는 샴푸와 린스가 합쳐진 제품이 드물어서 한 번에 사용하면 편할 거라 생각했다.

신기하게도 어릴 적 나의 장래 희망들은 모두 게임 기획자와 연결되어 있다. 그래픽이라 불리는 아트 파트의 작업물은 아티스트의 독립된 작품처럼 보이지만, 그 작업을 요청하는 건 게임 기획자다. 어떤 의도로 제작되는지, 그래서 어떤 모습이어야 하는지 설정해야 한다. 직접 작업하는 것은 아니지만 '보는 눈'이 있어야 한다. 좋다면 왜 좋은지, 나쁘면 왜 나쁜지에 대해 논리적인 설명을 할 수 있어야 한다. 그래야만 기획 의도에 맞는 결과물을 뽑아낼 수 있다. 이런 감각은 단기간에 기르기는 어려운데 나는 오랫동안 미술을 좋아해서 그런지 어려움은 없었다. 지금도 미술관 가는 걸 좋아하는 편이다.

내 꿈은 사실상 과학자보다는 발명가에 가까웠다. 발명가는 기존에 없던 뭔가를 만드는 일을 한다. 창의성이 중요한 크리에이터라 할 수 있다. 게임 기획자 역시 여기에 포함된다. 지금은 유튜버를 크리에이터라고 부르지만 예전에 크리에이터라고 하면 게임 기획자를 의미했다. 정확히는 게임 디렉터를 지칭했다. 〈마리오〉와 〈젤다〉 시리즈로 유명한 미야모토 시게루 역시 크리에이터다.

역사와 같은 인문학 지식은 콘텐츠 기획을 하는 데 도움이 된다. 역사는 그 자체로 대단한 스토리다. 실화를 바탕으로 만들어지는 스토리가 많은 것도 이 때문이다. 실제로 있었던 일을 바탕으로 만들어낼 수 있는 스토리의 가짓수는 사실상 무한대다. 지금 하는 일도 게임 시나리오 기획이다 보니 어릴 적 나의 성향과 잘 맞는 일을 하고 있는 셈이다.

나의 성향 중에서 게임 기획자가 되기에 가장 적합한 한 가지를 꼽으라면 삐딱함이다. 초등학교 시절 나의 별명은 '투덜이 스머프'였다. 학급 회의 시간이면 다른 사람의 의견에 매번 반대 의견을 내곤 했다. 어떤 날은 회의 진행이 안 될 정도여서 참다못한 선생님이 그만 좀 하라고 한 적도 있다. 나의 이런 기질은 현재의 것이 최선이 아니라는 의심으로 이어졌다. 좋게 이야기하면 탐구 정신일까. 누군가가 한 말은 물론, 책도 의심한다. 의외로 이상한 책이 많기 때문이다. 나는 아직도 처음 구매한 게임 시나리오 작법서의 구성을 기억한다. 기대했던 작법에 관한 설명은 거의 없고 게임의 역사에 대한 내용이 70%였다. 어쨌든 이런 의심병은 보다 더 나은 것을 찾아 헤매는 원동력이 되었다. 성장에 대한 목마름을 일하면서 계속 느낀다. 게임 기획자의 중요한 덕목 중 하나가 자기 계발인 걸 생각하면 타고난 성향 덕을 크게 보는 셈이다.

내가 경험한 게임 기획자의 공통적인 성향은 그것이 무엇이건 정말 진심이라는 점이다. 모두의 1순위인 게임을 제외한다면 2순위는 아주 다양했다. 함께 일했던 게임 기획자들의 2순위는 캠핑, 프라모델, 피규어, 애니메이션, 영화, 밀리터리, 베이킹, 낚시, 자전거, 자동차 등으로 천차만별이었지만 다들 하나에 깊게 빠져들어서 상당한 시간과 돈을 투자한 점은 같았다. 나는 고전 프라모델 수집이라는 취미를 갖게 된 지 10년이 넘었다. 들인 돈만 수천만 원으로 차 한 대 가격은 충분히 나올 정도다. 이런 '덕후' 기질이 게임 기획자만의 것이라 보긴 어렵지만 일반인들보다 한 가지에 파고드는 성향은 확실히 강한 것 같다. 2순위인 일에도 준전문가 수준은 된다.

회사에서 가장 많은 대화를 하게 되는 상대는 같은 게임 기획자들이다. 당연한 이야기지만 일하면서 같은 직업을 가진 사람들이라고 해서 생각이 같지 않다는 것을 매번 느낀다. 같은 현상을 바라보면서도 각기 다른 관점이 존재한다. 이건 면접이나 포트폴리오에서 요구하는 것이기도 하다. 여기에는 나름의 철학이 있다. 이런 생각의 차이가 논쟁을 만들고, 생산적인 논쟁으로 이어지면 보다 나은 게임을 만드는 원동력이 되기 때문이다. 문제는 합의에 이르지 못했을 때다. 게임 기획자는 자존심이 세고 고집이 센 사람들이라 가끔은 심각한 상황으로 번지곤 한다. 주니어 시절의 나는 자기주장이 강한 편이었고, 상대에 대한 배려도 적었다. 그래서 다른 기획자들과 의견 충돌이 잦았다. 그렇다고 나만의 문제는 아니었다. 게임 기획자들이 대체로 고집이 센 편이다. 에이, 고집쟁이들.

다 같은 기획이 아니다, 콘텐츠 기획과 시스템 기획

(SIGN UP)

게임 기획은 크게 콘텐츠 기획과 시스템 기획으로 나누어진다. 문자 그대로 콘텐츠 기획과 관련된 일을 하면 콘텐츠 기획자, 시스템 기획과 관련된 일을 하면 시스템 기획자다. 게임이 완성되기 위해서는 먼저 시스템이라는 규칙이 필요하고, 그 규칙을 활용해서 콘텐츠를 만들어야 한다. 비유하자면 시스템 기획은 뼈대이며, 콘텐츠 기획은 살과 근육에 해당한다. 시스템 기획이 이성적이라면 콘텐츠 기획은 감성적이다.

가위바위보를 게임으로 만든다고 가정해 보자. 바위가 가위를 이기고, 가위는 보를 이기고, 보는 바위를 이긴다. 같은 걸 내면 비긴다. 시스템 기획자는 이런 규칙을 정리해서 가위바위보라는 하나의 시스템을 만든다. 그러면 콘텐츠 기획자가 이 시스템을 활용해서 3번 연속해서 이기면 보상을 주는 등의 콘텐츠(즐길 거리)를 만드는 식이다. 그렇다고 해서 콘텐츠 기획자가 시스템 기획을 아예 하지 않는 것은 아니다. 게임은 기본적으로 시스템이 아닌 것이 없어서 콘텐츠 기획자는 콘텐츠에 특화된 업무를 하고, 시스템 기획자는 그 외의 업무를 한다고 이해하는 게 더 맞다.

시스템 기획의 일이 많아진다면 콘텐츠 기획자가 그 일을 맡기도 한다. 그러면 덜컹거릴 수는 있어도 어찌어찌 일이 굴러간다. 반대로 콘텐츠 기획자의 일을 시스템 기획자가 맡으면 완전히 망할 가능성이 높아진다. 콘텐츠 기획은 순수 창작에 가까워서 특유의 감성이 요구되기 때문이다. 콘텐츠 기획의 대표적인 업무인 퀘스트 제작은 스토리 창작의 영역이기도 해서 특화된 전문 지식이 필요하다. 과거에는 콘텐츠 기획, 시스템 기획 정도의 구분만 있었지만 지금은 더 세분되면서 각 파트의 전문성 역시 높아지는 추세다. 오래전 풍문으로 〈아이온〉에 이름만 짓는 기획자가 존재한다는 이야기도 들었다. 풍문이 아니라 정말로 그럴 수도 있겠다고 생각하는 건 내가 참여했던 〈블레이드 앤 소울〉에서도 NPC 데이터 작업만 전문적으로 담당하는 기획자가 있었기 때문이다. 대규모 프로젝트이다 보니 철저하게 분업화되어 있어서 오직 그 업무만 한다.

나의 게임 기획 포지션 테크트리 변화는 버라이어티하다. 시작은 콘텐츠 기획이었다. 퀘스트를 주 업무로 하며 시나리오도 담당했지만, 회사를 옮겨서는 퀘스트 기획자로 일했다. 다음 회사에선 콘텐츠 기획뿐 아니라 시스템 기획도 담당했다. 이는 작은 회사에서 일하면 반드시 겪게 되는 일이다. 기획팀의 인원이 적다 보니 작은 회사일수록 멀티 플레이어를 원하기 때문이다. 이후에 전투 기획과 밸런스 기획에 관여한 적도 있지만, 이 기간이 길지는 않았다. 지금은 시나리오 기획만 전문으로 하고 있는데, 내가 가장 잘하기도 하고 좋아하는 포지션이어서 아주 즐겁게 일하고 있다.

이렇듯 일반인들이 보기엔 다 같은 게임 기획자지만,

하는 일의 차이는 크다. 보통은 자신의 성향에 맞춰서 콘텐츠 기획인지 시스템 기획인지를 선택한 후에 그 안에서 더 맞는 포지션으로 전문화되는 식이다.

한 편의 영화 제작 같은
게임 기획

영화의 제작 단계는 크게 프리 프로덕션, 프로덕션, 포스트 프로덕션으로 구분한다. 프리 프로덕션은 말 그대로 실제 제작에 들어가기 전 준비 단계다. 시나리오를 바탕으로 촬영에 필요한 모든 준비를 한다. 이 일을 담당하는 파트가 연출부와 제작부인데 게임 기획자와 역할이 같다. 게임 개발은 영화처럼 단계가 명확하게 구분되진 않지만 개발을 위한 게임 기획서 작업이 프리 프로덕션에 해당한다고 볼 수 있다.

기획서가 있어야 본격적인 게임 개발에 들어갈 수 있

다. 물론 예외도 있어서 문서 없이 일이 진행되기도 한다. 업계에서는 흔히 '입기획'이라고 부르는 행위다. 입기획은 빠르게 일이 진행된다는 장점도 있지만 커뮤니케이션 오류가 생길 확률이 높은 데다 히스토리 추적도 어렵다. 말은 흔적을 남기지 않기 때문에 아트와 프로그램 파트에서 대단히 싫어한다. 정상적인 프로세스가 아니니 일단 넘어가자. 기획팀 내부적인 합의를 거친 기획서도 다른 파트와 회의를 하다 보면 처음에 생각하지 못했던 이슈가 발생한다. 제작이나 구현이 불가능하다는 피드백을 받기라도 한다면 기획을 다시 하는 일도 빈번하게 벌어진다. 앞아서 멋진 기획서를 쓰기만 하면 될 것 같지만, 그 과정에서 합의는 필수다. 기획에 반드시 회의가 동반되어야 하는 건 이 때문이다.

합의된 기획서를 바탕으로 실질적인 작업이 시작된다. 이때가 영화에서 말하는 프로덕션 단계다. 기획서가 내 손을 떠났으니 얼핏 생각하면 일이 끝난 것처럼 보인다. 그러나 작업과 관련된 커뮤니케이션은 그때부터가 시작이다. 작업자들과 계속 채팅하고 대화도 하면서 원하는 의도대로 작업이 되고 있는지 확인해야 한다. 아트나 프로그램 파트의 작업은 기획 파트의 의도를 구체화하는 것이라 게임 기획자에게 의지할 수밖에 없다. 계획대로 잘 진행되면 좋겠지만 일정, 혹은 다른 이유로 작업이 취소되거나 축소되는 일이 의외로 쉽게 발생한다. 게임을 만든다는 건 이런 변수에 대응해야 한다는 의미다. 작업 과정에서 가장 많은 짐을 짊어지는 건 게임 기획자라 할 수 있는데, 일이 많다기보다는 선택해야 할 게 많다.

아트나 프로그램의 작업이 마무리되었다 하더라도 끝은 아니다. 아트 파트는 커뮤니케이션만 잘되었다면 대체로 원하는 결과물이 나오는 편이다. 반면 프로그램은 구현이 되어도 버그가 있을 수 있어서 끝나도 끝난 게 아니다. 원칙적으론 본인이 작업한 결과물의 1차 책임은 작업자에게 있지만, 게임 기획자에게도 2차 책임이 있다. 본인의 작업물을 제대로 확인하지 않는 프로그래머가 있을 뿐만 아니라 예상치 못한 버그도 항상 존재한다. 이를테면 A라는 시스템을 구현했더니 B라는 시스템에도 영향을 주어서 버그가 생기는 경우다. 버그는 일종의 제품 결함이다. 그러나 모든 상황을 테스트할 수도 없는 노릇이어서 어느 정도는 감수해야만 한다. 온라인 게임이라면 콘텐츠가 계속해서 업데이트되기 마련이라 항상 버그가 생길 위험에 노출되어 있다.

테스트는 영화에서 포스트 프로덕션과 같다. 영화에서 후반 작업을 하듯이 게임 기획도 출시 전 이상 여부를 테스트해야 한다.

어떤 사람은 게임 기획자가 업무 시간에 게임을 할 수 있어서 좋겠다고 하기도 한다. 그러나 이때 하는 게임은 어디까지나 분석과 테스트를 위한 것이다. 즐기면서 할 수도 있겠지만 어쨌거나 일의 영역이다. 테스트에서 문제가 없다고 판단되면 프로그래머와 합의를 거쳐서 작업을 마무리 짓는다. 테스트 중에 치명적인 버그가 발견된다면, 버그를 고치고 테스트를 처음부터 다시 해야 한다. 게임 기획자의 업무 중에 가장 지겨운 작업 중 하나다. 그렇지만 모든 테스트가 마무리되고 이상이 없음을 다른 작업자에게 알리는 것까지가 게임 기획자의 업무다.

게임 기획자에 대한
흔한 오해

보통 게임 기획자라고 하면 게임의 스토리를 만들고, 아이디어를 내는 사람이라고 생각한다. 그래서 창의성이 무엇보다 중요한 직군으로 알려져 있다. 게임 기획자가 되기 전의 나 역시 그렇게 알고 있었다. 그러나 막상 게임 기획자가 되어보니 내가 알던 것과는 차이가 있었다.

스토리를 만드는 건 '게임 시나리오 기획자'다. 별도의 직군이 있으며, 그 수가 많지 않다. 내가 참여했던 〈블레이드 앤 소울〉의 200명에 가까운 개발 인원 중에서 게임 시나리오 기획자는 단 한 명이었다. 다른 프로젝트도 크게 다르지 않다. 퀘스트 기획자도 스토리를 만들고 구현하지만, 스토리와 구현 중, 구현을 더 중요하게 생각한다. 따라서 게임 기획자가 스토리를 만든다는 건 틀린 말은 아니지만 극히 일부에 해당한다. 스토리를 만들지 않는 게임 기획자의 수가 압도적으로 많다. 사실상 거의 없다고 보는 게 맞다.

게임의 아이디어는 대부분 윗선에서 나온다. 심한 경우 특정 게임을 던져주면서 똑같이 만들라고 하기도 한다. 게임을 구성하는 시스템이 워낙 많기 때문이다. 부분적으로는 게임 기획자의 아이디어가 반영된다. 그러나 큰 방향성을 결정하는 건 역시 '윗선'이다. 다른 말로는 '높으신 분'. 내 마음대로 게임을 만들고 싶다면 방법은 두 가지, 윗선에 해당하는 디렉터가 되거나 인디 게임을 만들어야 한다. 디렉터도 더 윗선인 사장님의 지시를 따라야 하기에 자기 결정권이 완벽하게 보장되는 것도 아니다. 창작자이지만 그와 동시에 회사원이라는 한계 때문일 거다. 일하다 보면 익숙해지지만 원대한 꿈이 있는 신입 게임 기획자라면 이상과 현실의 괴리로 인해 힘들 수 있다.

게임 회사의 모집 공고나 원하는 인재상을 보면 창의성을 언급하는 곳이 많다. 그러나 여기서 말하는 창의성의 의미는 일반적으로 생각하는 것과 약간 다르다. 게임 회사에서 사람을 뽑는다는 건 플랫폼이나 장르를 비롯한 많은 것이 이미 결정되어 있다는 의미다. 게임 회사들이 많이 만드는 수집형 RPG의 기본적인 시스템은 어느 게임이나 크게 차이가 없다. 이른바 장르 공식이자 성공 공식이 존재한다. RPG의 성장 요소는 과금으로 연결하기 쉽기 때문에 회사는 '성장'에 초점이 맞춰진 게임을 주로 만든다. 게임 회사는 거기에 맞는 사람을 뽑는다. 게임 회사가 추구하는 건 상업성이라 이 틀까지 파괴하는 창의성을 원하진 않는다. 이런 이유로 게임 기획자가 창의성을 발휘할 기회가 생각보다 많지 않은 것이 현실이다.

엑셀로
데이터와 규칙을 만듭니다

SIGN UP

그렇다면 게임 기획자가 가장 많이 하는 작업은 뭘까? 다름 아닌 엑셀과 툴 작업이다. 포지션에 따라 다르겠지만 대부분 이 두 가지를 하느라 가장 많은 시간을 할애한다. 특히 신입 기획자의 주 업무라고 보면 된다. 게임은 보이는 형태만 우리가 아는 게임일 뿐 그 안에 숨겨진 건 사실 엄청난 양의 데이터 덩어리다. 물약이라는 사소한 아이템 하나를 만들기 위해선 '아이템 이름, 판매 가격, 획득 가능 수량, 상승시켜 주는 HP, 아이콘 이미지, 아이템 설명' 등등의 수많은 값을 입력해야 한다. 규모가 큰

MMORPG의 아이템 담당자라면 하루 종일 아이템에 대한 데이터가 담긴 엑셀 작업만 하기도 한다.

엑셀이 주로 활용되는 이유는 게임의 수많은 데이터를 입력, 확인, 수정하기가 편하기 때문이다. 입력한 내용을 바로 데이터로 전환할 수 있으며, 함수를 활용하면 이런 작업의 효율을 더 높일 수 있다. 우리가 스마트폰 없는 삶을 생각할 수 없는 것처럼 엑셀 없는 게임 개발 역시 생각하기 어렵다. 대체 불가능한 궁극의 도구다. 아닐 것 같지만 게임 시나리오 작업에도 엑셀을 주로 사용한다. 엑셀만 잘해도 게임 기획자로서 경쟁력을 가지는 건 그만큼 엑셀이 작업에서 차지하는 비중이 높기 때문이다. 〈블레이드 앤 소울〉의 퀘스트 하나를 만드는 데 사용되는 엑셀 문서의 수는 무려 열 가지가 넘는다.

엑셀과는 쓰임이 약간 다르지만 툴 역시 데이터 작업을 위한 도구다. 엑셀로만 데이터 작업을 하는 것보다 최적화된 툴을 함께 사용할 때 효율이 더 높아진다. 퀘스트 툴을 예로 든다면 개별적으로 작업한 데이터를 툴에서 취합해서 관리하는 식이다. 〈블레이드 앤 소울〉 팀에서 일할 당시 사용하던 퀘스트 툴의 이름은 OTL, 일명 '좌절 금지 툴'이었다(좌절하지 말고 열심히 하자는 의미로 지어졌다). 각자의 상황에 맞는 각종 툴을 만들기 마련이어서 그 형태는 천차만별이다. 데이터가 복잡할수록 데이터 관리에 용이한 툴의 필요성은 더 커진다.

데이터 작업은 잘해야 본전인 일이라 기획자 대부분이 싫어한다. 나 또한 데이터 입력 실수로 큰 사고를 친 적이 있었다. 때는 〈블레이드 앤 소울〉의 퀘스트 기획자로 일하던 시절이었다. 새로 추가된 지역의 퀘스트 진행을 위한 몬스터 생성 데이터가 잘못된 것을 미처 확인하지 못하고 업데이트를 해버렸다. MMORPG는 다수의 게이머가 동시에 플레이하는 게임이어서 퀘스트 몬스터는 죽어도 계속해서 생성되어야 한다. 데이터에서 몬스터가 죽은 뒤 생성 여부를 묻는 항목이 Y가 되어야 하는데, N으로 표시되어 있었다. 결과적으로 퀘스트 진행 몬스터가 서버에 한 마리만 존재하면서 그 몬스터를 처치한 게이머 한 명을 제외하고는 퀘스트 진행이 어려운 상황이 되어버렸다. 문제가 있는 퀘스트를 내가 만들었다는 사실을 알게 되는 순간 식은땀이 흘렀다. 데이터 작업은 절대 쉬운 일이 아니다. 그래도 아무 생각 없이 할 수 있는 일이라는 점은 미덕이 아닌가 싶다. 작업할 때 시간은 잘 간다.

규칙, 게임의 문법

우리가 즐기는 콘텐츠에는 각각의 문법이 있다. 문법이라고 하면 이해가 잘 가지 않을 수 있는데, 쉽게 말해 매체의 아이덴티티를 의미한다. 영화는 영상으로 스토리를 전달하는 것을 지향한다. 따라서 영상이 바로 영화의 문법이다. 게임의 문법은 게임 시스템이다. 게임은 무수히 많은 시스템의 집합체다. 게임 시스템이라고 하면 어렵게 생각할 수도 있겠지만, 규칙으로 이해하면 쉽다. 이해를 돕기 위해 세계 최초의 게임 〈테니스 포 투〉를 잠깐 소환해 보자. 제목 그대로 테니스를 치는 게임인데, 아날로그 게임기다. 놀라운 건 지금 만들어지는 모든 게임이 '조작 장치 - 하드웨어 - 디스플레이'의 형태를 갖춘 이 게임의 기본 원리에서 벗어나지 않고 있다는 점이다.

플레이어가 입력 장치를 통해 액션(조작)을 하면, 하드웨어서 게임 기획자가 정한 규칙이 적용된 리액션이 디스플레이에 보인다. 쉽게 말해 '액션과 리액션'이다. 이런 과정에서 만들어지는 경험을 상호작용interaction이라고 한다. 게임이라는 매체에서만 가능한 아주 특별한 경험이다. 게이머가 캐릭터를 특정 공간으로 이동시켰다고 가정해 보자. 캐릭터의 이동은 플레이어의 선택이자 액션이다. 액션 이후의 리액션에 따라 플레이어의 경험이 달라진다. 이때 리액션을 결정하는 건 게임 기획자다. 몬스터를 스폰시켜 전투가 벌어지도록 할 수 있으며, 스토리 전개를 위한 NPC를 등장시키는 것도 가능하다. 컷신과 같은 특별한 이벤트를 보여줄 수도 있다.

더 쉬운 예로 가위바위보를 들 수 있다. 가위는 보를 이기고, 보는 바위를 이기고, 바위는 가위를 이긴다. 같은 걸 내면 비긴다. 가위바위보의 규칙은 단순하지만 규칙대로 진행하기만 하면 아무런 문제가 없다. 아니면 져야 이기는 가위바위보로 규칙을 바꿀 수도 있다. 이렇게 진행할 경우 약간의 인지부조화가 발생하는데, 이것도 나름 재미가 있다. 이처럼 게임 기획자가 어떤 규칙을 정하는가에 따라 게이머의 반응이 달라진다. 규칙이 시스템이 되고, 그 시스템이 모여 하나의 게임이 된다. 게임 기획서는 게임을 구성하는 요소의 규칙을 정리한 문서이며, 게임 기획자는 규칙을 만드는 기술자인 '규칙장이'다.

게임 기획서는
이렇게 씁니다

게임 회사에 지원하면서 자기소개서나 포트폴리오를 한글 문서로 작성했다면 서류 전형은 무조건 탈락이라고 봐야 한다. 내용을 떠나 문서 자체를 읽을 수가 없기 때문이다. 힘들게 한글이나 한글 뷰어를 설치해서 지원자의 포트폴리오를 봐줄 수고를 하는 담당자는 없다. 포트폴리오 형식이 PDF가 많은 이유도 별다른 설치 프로그램 없이 확인할 수 있기 때문이다. 스마트폰으로도 볼 수 있기에 가장 편리한 포맷이다. 어찌 되었건 게임 회사라면 한글 문서를 절대 사용하지 않는다. 국가 지원 사업을 진행하는 회사라면 한글 문서를 사용하기도 하지만 그마저도 특정 문서에 한해서다.

내가 신입 게임 기획자였을 때에도 게임 기획서는 MS 워드였다. 인터넷에 돌아다니는 게임 기획서를 찾아보면 워드로 작성된 경우가 많다. 아마도 옛날에 작업했거나 워드로 작성된 게임 기획서를 보고 다들 따라서 워드로 작업해서 그런 게 아닐까 싶다. 그 때문인지 많은 사람이 생각하는 게임 기획서는 워드다. 일부 게임 기획자들은 워드가 아닌 문서로 작업한 게임 기획서는 취급하지 않기도 한다. 워드의 치명적인 단점은 문서를 공유하는 과정이 번거롭다는 것이다. 버전 관리도 쉽지 않다. 그래서 최근엔 위키를 많이 활용한다. 누구나 쉽게 문서를 수정할 수 있고, 해당 웹페이지 링크만으로 쉽게 공유할 수 있다. 해당 페이지에서 문서가 업데이트되기 때문에 경로 한 번만 전달하면 끝이다. 과거의 불편함을 아는 경력이 오래된 나 같은 게임 기획자라면 위키로 게임 기획서를 작업하는 일이 얼마나 고마운 일인지 알지 않을까 싶다. 처음 위키를 사용하면서 세상 정말 좋아졌다며 감탄을 연발한 기억이 있다.

혹은 파워포인트나 엑셀로 게임 기획서를 만들기도 한

다. 파워포인트의 강점은 문서의 가독성이 좋고 이미지에 강하다는 점이다. 나는 캐릭터 설정 문서처럼 이미지로 설명해야 할 때는 주로 파워포인트로 작업하는 편이다. 물론 위키 사용이 기본인 팀이라면 위키로 작업한다. 엑셀은 시트가 있어서 많은 양의 정보도 하나의 문서에 정리할 수 있다. 게임에서 출력되는 대사 같은 텍스트를 데이터로 전환할 수 있다는 점도 확실한 장점이다. 그나마 엑셀 활용이 적은 파트는 게임 시나리오 기획 파트이고 콘텐츠 기획이나 시스템 기획 파트라면 엑셀을 끼고 산다고 보면 된다. 그러나 게임 기획서, 특히 게임 시나리오 관련 문서가 엑셀이라고 하면 놀라는 사람이 많다. 아무래도 게임 시나리오를 오랫동안 소설처럼 생각했기 때문에 MS 워드를 가장 먼저 떠올리는 것 아닌가 싶다.

실전! 게임 기획서

게임 기획서는 게임에 따라, 작업자에 따라 그 형태가 완전히 달라진다. 문서의 포맷도 제각각이라 정답이 없다. 그럼에도 기획 의도에 맞는 결과물을 만들기 위한 문서라는 목적은 동일하다. 기획서는 내가 아닌 다른 사람, 정확히는 기획서의 구현에 참여하는 다른 파트의 작업자를 위한 문서다. 서로의 생각을 공유해서 방향성을 일치시켜야 하기 때문에 회의는 필수다. 신입 시절엔 문서만으로 작업이 가능한 완벽한 게임 기획서를 써보겠다는 헛된 생각을 품기도 했다. 그러나 협의 없이 나온 게임 기획서는 그럴듯해 보여도 아무런 의미가 없다. 게임 기획서 작성 과정은 이렇다. 먼저 아주 간단한 형태의 기획서 초안으로 1차 회의를 진행한다. 회의 내용을 바탕으로 조금 더 상세한 기획서를 준비해서 2차 회의를 한다. 2차 회의의 피드백을 반영하면 최종 게임 기획서가 완성된다.

실무에서 사용되는 게임 기획서는 철저하게 구현을 위한 문서라 보는 재미가 하나도 없다. 그래서 일반인이 생각하는 게임 기획서의 모습과 친숙할 수 있는 콘셉트 기획서를 가져왔다. 지뢰 찾기를 모티프로 만들어진 증강현실 게임인데 출시로 이어지진 못했다. 제목은 〈마스터 오브 코어Master Of Core〉다.

〈마스터 오브 코어〉 콘셉트 기획서

1. 키워드 및 방향성
- GPS를 활용한 증강현실 게임(현실 기반, 몸 쓰는)
- 지역에 상관없이 플레이 가능(1:1 모드 기본, 향후 다양한 모드로 확장해 갈 예정)
- 대전 게임으로 플레이어 간 상호작용 비율이 높음

2. 게임 개요
- 가상의 공간에서 숨겨둔 서로의 코어를 찾으면 승리하는 게임
- 상대의 코어에 다가가면 시그널 발생
- 가까워질수록 커지는 시그널로 상대 코어를 감지할 수 있음
- 마인도 코어와 같은 시그널 발생(설치해서 방해하는 용도)
- 아이템이나 트랩을 전략적으로 사용해야 함

3. 플레이 흐름

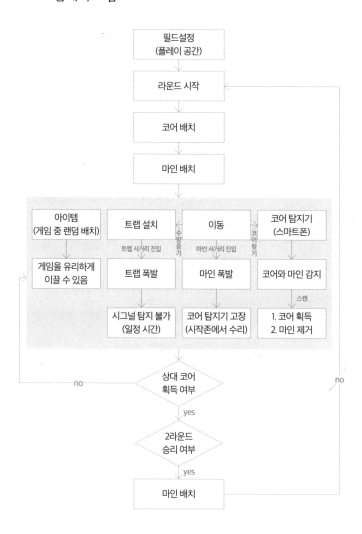

필드설정
(플레이 공간)

라운드 시작

코어 배치

마인 배치

아이템 (게임 중 랜덤 배치)	트랩 설치	이동	코어 탐지기 (스마트폰)
게임을 유리하게 이끌 수 있음	트랩 폭발	마인 폭발	코어와 마인 감지
	시그널 탐지 불가 (일정 시간)	코어 탐지기 고장 (시작존에서 수리)	1. 코어 획득 2. 마인 제거

트랩 사거리 진입 · 마인 사거리 진입 · 수량증가 · 코어 찾기 · 스캔

상대 코어
획득 여부 — no — yes

2라운드
승리 여부 — yes

마인 배치

4. 플레이 상세 설명

설명	내용
플레이 영역 설정	• 게임 전 장애물이 없는 운동장 같은 공간을 설정(기본 100m × 100m)
코어 탐지기	• 스마트폰을 가상의 코어 탐지기로 설정 • 코어의 신호를 감지해서 알려줌 • 스캔, 아이템 사용 등의 기능 사용
스캔	• 플레이어 주변을 탐지 • 코어를 찾으면 승리, 마인을 찾으면 제거 • 쿨타임이 존재해서 제한적으로 사용해야 함(이동을 하면 쿨타임 시간 줄어듦)
코어	• 게임 승패를 결정하는 핵심 오브젝트 • 상대의 코어를 먼저 찾아내면 게임에서 승리 • 마인, 트랩 등을 활용해서 설치 장소를 보호하거나 혼란을 줘야 함
마인	• 코어를 보호하기 위해 설치하는 지뢰(게임 전 설치) • 탐지기에는 코어와 동일하게 인식됨 • 사거리에 들어가면 폭발, 코어 탐지기가 작동불능 상태가 됨(시작존에서 회복)
트랩	• 코어 탐지기로 감지되지 않는 지뢰(플레이 중 설치) • 사거리에 들어가면 폭발, 코어 탐지기의 시그널 탐지 기능 일시적으로 마비됨 • 시간의 흐름이나 이동량에 따라 하나씩 증가함(최대 보유량 3개)

아이템	• 게임을 유리하게 만들어주는 아이템 - 필드에서 랜덤으로 생성된 이후 일정 시간이 지나면 사라짐 - 근처에 다가가서 획득 가능	
	실드	마인과 트랩의 피해를 일정 시간 동안 보호 보호받은 즉시 사라짐
	트랩	트랩을 1개 획득
	능력 강화1	스캔의 쿨타임이 줄어듦
	능력 강화2	스캔 사거리 증가
	위성	지정한 영역 10초 동안 감시(상대의 움직임 확인)
	통나무	지정한 방향의 트랩과 마인 제거
	EMP	지정한 영역의 코어 탐지 방해
	페이크 아이템	설치해서 상대를 속이는 용도 상대가 획득하면 상대의 아이템 중 하나를 가져옴

5. 플레이 시나리오

1. 코어와 마인을 설치한 후 게임을 시작한다.

2. 플레이어는 시그널로 코어의 위치를 감지할 수 있어서 시그널을 근거로 코어의 위치를 추측할 수 있다. 마인은 코어와 같은 시그널로 감지되기 때문에 코어인 것처럼 속이는 전략도 가능하다.

3. 상대의 움직임은 보여지지 않지만, 마인이나 트랩 폭발, 아이템 사용 등을 통해 일시적으로 확인할 수 있다.

4. 트랩은 코어 탐지기로 감지되지 않는 지뢰로 상대의 시그널 감지 기능을 일시적으로 불가능하게 만든다. 시간이 흐르거나 이동량이 많아지면 하나씩 충전되며 최대 보유량은 정해져 있다.

5. 필드에 아이템이 랜덤으로 생성되며, 근처로 다가가면 획득할 수 있다. 아이템으로 게임을 유리하게 이끌어 갈 수 있다.

6. 2~5의 과정이 계속 반복된다. 상대의 코어를 먼저 찾은 플레이어가 승리한다. 2라운드를 먼저 승리하면 게임의 최종 승자가 된다.

대략 이런 느낌이다. 이 게임이 어떤 게임이며, 어떻게 진행되는지 어렵지 않게 파악할 수 있을 것이다. 특히 3번 플레이 흐름을 보면 이 게임을 한 번에 파악할 수 있다. 나는 이해도를 높이기 위해 이런 도식을 적극적으로 활용한다.

기획할 당시에는 메타버스란 용어가 보편화되지 않았는데, 지금 관점에서 보면 이 게임은 메타버스의 일종이다. 플레이 가능한 공간만 확보하고 있다면 거리에 상관없이 몸을 쓰는 게임을 동시에 할 수 있다. 시간까진 아니어도 공간은 초월한 게임 기획이 아니었나 생각한다.

국영수가 이렇게
쓸모 있을 줄이야

SIGN UP

　얼핏 보기에 게임 기획자는 말 좀 하고(회의), 글 좀 쓰는(기획서) 게 전부다. 행위 자체는 누구나 할 수 있는 평범한 것이라 전문성이 떨어진다고 생각할 수도 있다. 아티스트는 그럴듯한 결과물을 낸다. 프로그래머는 누가 봐도 어려운 일을 한다. 전부는 아니지만 이들 파트는 전공이 지금 하는 일과 연관되어 있을 가능성이 높다. 적어도 2~4년은 그 일을 하기 위한 준비를 한 셈이다. 반면 게임 기획자는 특별한 전공이 없다. 게임학과가 존재하지만 게임학과를 나오지 않아도 게임 기획자가 되는 데는 전혀 문제가 되지 않는다.

그렇지만 게임 기획자에 필요한 공부는 초등학교 때부터 시작된다. 바로 국영수다. 국영수에 대한 오랜 인식 중 하나는 대학교 갈 때에만 필요한 과목이라는 것이다. 실생활에 도움이 안 되는 쓸데없는 학문의 대명사다. 이건 몰라서 하는 얘기다. 특히 게임 기획자에게 국영수는 아주 밀접하게 연결되어 있다. 국영수의 효용가치를 간단하게 정리하면 아래와 같다.

국어 게임 기획자의 가장 강력한 무기는 논리다. 게임 기획자가 하는 대표적인 일인 기획서 쓰기는 논리를 필요로 한다. 기획서가 논리적이어야 문서를 보는 동료들을 설득할 수 있다. 작업자라면 모두 자신이 어떤 일을 하고, 왜 하는지 납득하길 원한다. 내가 업계에 와서 놀란 것 중 하나가 게임 기획서의 완성도가 생각보다 높지 않다는 것이었다. 일전에 라이브 서비스 중인 게임의 시나리오를 정리한 적이 있었다. 기존 문서들의 양은 많았는데, 내용을 파악하기 어려웠고, 튀는 설정이 많았다. 그래서 무슨 말을 하려는지 한 번에 이해하기 어려워서 문서를 정리하는 데에만 2주가 걸렸다. 재미있는 사실은 내가 정리를 위해 주로 참고한 문서가 어느 게이머의 블로그였다는 점이다. 게임 기획자가 작업한 문서가 일반 게이머의 것보다 못했다.

사람들은 보통 게임 시나리오를 감성의 영역으로 생각하는 편인데, 실제 게임 시나리오 작업은 지극히 논리적이어야 한다. 스토리의 재미와는 별개로 아귀(?)가 맞아야 한다. 순수 창작의 영역으로 보이는 게임 시나리오라도 논리성이 필요하다. 문서 작업에서 맞춤법 역시 중요하다. 별것 아닌 것 같지만 맞춤법은 연인 사이의 이별 사유가 될 정도로 누군가를 평가하는 중요한 기준이 된다. 내용이 아무리 좋아도 사소한 맞춤법을 자꾸 틀린다면 문서의 신뢰성이 현저히 떨어진다. 무엇보다 글쓰기는 말하기와도 연결되어 있다. 말을 잘하기 위해선 우선 글부터 잘 써야 한다.

영어 게임에 사용되는 수많은 데이터는 전부 영어와 숫자로 되어 있다. 예를 들어 '물약'이라는 아이템은 한글로 표기되지만, 데이터에서는 다른 이름으로 구분해야 한다. 반드시 영어(알파벳 사용)의 형태가 되어야 하며, 다른 사람이 보더라도 물약이라는 것을 알 수 있어야 한다. 〈블레이드 앤 소울〉에서 캐릭터가 들 수 있는 오브젝트를 '가젯gadget(도구, 장치)'이라 불렀다. 게이머들은 절대 모르는 게임 개발자들 사이에서만 쓰이는 용어다. 이런 것들이 생각보다 많아서 영어 실력이 미천한 나는 적응하느라 애를 먹었다. 게임 제작을 위해 사용되는 툴 중엔 아직도 한글화되지 않은 것이 많다. 한글화되었더라도 번역기를 돌린 것 같은 어색한 번역이 많다. 툴 사용법을 찾아보더라도 영문판이 기준인 경우가 많아서 그냥 영문판을 쓰는 게더 나은 선택일 수 있다. 구글에서 자료를 자주 찾아야 해서 영어 실력에 따라 찾을 수 있는 자료의 질이 달라진다. 게임 기획 관련 기사나 강연을 찾아볼 때나 영문판 게임을 분석해야 하는 경우 등 영어의 효용가치는 아주 높다.

수학 어떤 의미에서 게임은 수학 그 자체다. 3D의 기본은 X, Y, Z 좌표인데, 학창 시절에 다 배운 내용이다. 전투에서 중요한 건 수학적인 밸런스다. 밸런스 파트라면 하루 종일 수학을 한다고 봐도 무방하다. 온라인 게임을 서비스하는 과정에서 통계는 더욱 중요해지고 있다. 무엇보다 게임 기획자의 툴이라 할 수 있는 엑셀 활용은 함수 사용이 기본이라는 점에서 수학 역시 게임 기획자에게 반드시 필요한 학문이다. 업계에선 중학교 3학년 수준의 수학만 알아도 충분하다고 하지만, 그 정도 수준이 결코 만만하진 않다.

정말 게임 기획자가 되고 싶다면 중고등학교 때에는 공부를 열심히 하는 게 좋다. 이 사실을 게임 기획자가 되고 나서야 안 게 안타까울 따름이다.

게임 기획자로
취업하고 싶나요?

내가 사장이고 어떤 사람을 채용할지 생각해 보면 답은 뻔하다. 채용은 함께 일할 사람을 뽑기 위한 과정이기에 '회사가 원하는 인재'가 되면 된다.

질문에 답이 있다고 하는데, 여기서 질문은 바로 채용 공고다. 자세히 살펴보면 같은 장르의 게임 기획자를 찾더라도 회사나 프로젝트마다 원하는 인재상이 조금씩은 다르다는 것을 알 수 있다. 잘 분석해서 '맞춤형' 포트폴리오를 만들어야 한다. 이렇게 만들어진 포트폴리오로 해당 포지션에 바로 투입하더라도 문제없이 일할 수 있다는 걸

어필할 수 있어야 한다. 콘텐츠 기획자라면 지원하는 게임에서 업데이트할 법한 이벤트 기획을 하면 된다. 이왕이면 기존의 세계관, 스토리, 캐릭터를 활용해서 서비스 중인 게임을 잘 알고 있다는 걸 보여주면 좋다. 채용 공고에 빠지지 않는 것이 커뮤니케이션 능력이지만 함께 일해 보지 않는다면 미리 파악하는 건 불가능하다.

　　게임 기획자의 기술이라 할만한 건 역시나 엑셀이다. 신입 기획자의 최고 효용가치는 어쩌면 데이터 작업이다. 누군가는 게임 개발에 필요한 단순 노동을 해야 하는데 그 누군가가 바로 신입 게임 기획자다. 싫지만 어쩔 수 없는 현실이다. 예외라면 게임 시나리오 기획자인데 신입이어도 메인을 담당한다. 반대로 말하면 경력자들과 함께 경쟁해야 한다는 의미이기도 하다. 어찌 되었건 게임 기획자로서 일정 수준 이상의 엑셀 능력을 갖추는 건 기본이라 모든 채용 공고에 빠지지 않고 포함되어 있다. 엑셀만 잘해도 게임 기획자로서의 가치는 충분하니 엑셀 공부를 절대 게을리해서는 안 된다.

　　포트폴리오를 제외한다면 게임 제작 경험은 무조건 플러스 요인이다. 넷마블이 사회 환원의 일환으로 운영 중인 게임 아카데미의 대상은 무려 고등학생이다. 전에 게임 기획 강사로 한번 참여한 적이 있었는데, 게임 개발 저변이 확대되고 있다는 사실을 눈으로 확인하고 새삼 놀랐다. 잘 찾아보면 게임 제작을 직접 경험해 볼 수 있는 기회를 얻는 건 요즘엔 그렇게 어렵지 않다. 게임 개발 경험만큼 확실한 포트폴리오는 없다. 실무를 경험하면 알고 있던 이론이 이론으로 머무는 것이 아니라 구체적인 실체가 된다. 여의치 않다면 보드게임을 만들어보는 것도 좋은 선택이다. 그 과정에서도 배우는 것들이 있고, 그런 경험들이 게임 기획자로 성장하는 데 도움이 된다.

그 외에 신경 써야 할 것이 있다면 자기소개서다. 누군가는 자기소개서가 중요하지 않다고 얘기하기도 하는데, 이는 아트나 프로그램 직군에 한해서다. 게임 기획자는 포트폴리오만으로 평가받기 어려운 직군이어서 면접이 아주 중요하다. 어떤 질문을 받느냐에 따라 당락이 결정되는데, 그 질문의 원천이 되는 것이 자기소개서다. 회사에 따라선 면접관이 지원한 파트의 사람이 아닌 경우도 있다. 이런 경우 모든 질문은 자기소개서에서 나올 수밖에 없다. 질문 자체가 나에게 유리하게 작용할 수 있도록 하는 '설계'가 필요하다. 내가 가진 경험 혹은 역량이 직무와 어떻게 연결되는지 잘 설명할 수 있어야 한다. 앞서 말한 커뮤니케이션 능력에 관해 어필할 수 있는 것도 자기소개서가 전부다. 따라서 그와 관련된 과거의 경험을 포함시키면 좋다.

면접은 운이 많이 작용하는데, 면접관이 누구인가에 따라 당락이 결정되기도 한다. 오래전 비슷한 시기에 두 회사에서 면접을 봤다. 누가 봐도 더 나은 회사 한 곳만 붙었다. 그곳이 바로 엔씨소프트였다. 이런 일은 비일비재하게 일어난다. 함께 일하는 데 문제가 없을 것이라는 인상을 심어주는 게 무엇보다 중요하다. 자기주장을 하는 것은 좋은데, 고집이 너무 세다는 느낌을 준다면 마이너스가 될 수 있다. 커뮤니케이션에 문제가 있다고 생각할 여지가 있기 때문이다. 개인적으론 예스맨보다는 자기주장이 강한 사람을 선호하지만, 평가는 면접관의 성향에 달려 있다. 자기주장을 하려면 근거가 확실해야 한다. 엔씨소프트와 같이 면접을 봤다가 떨어진 회사에서 내가 들은 불합격의 사유는 자기주장이 강하다는 것이었는데, 고집 있어 보인다는 말을 돌려서 전달한 것이 아니었나 생각한다. 같은 사람, 전혀 다른 평가. 이런 게 면접의 묘미다. 정답이 없다. 면접에서 떨어진다면 자책하지 말고 그냥 운이 나빴다고 생각하는 게 속 편하다.

면접 전에 지원하는 회사에 대해서나 서비스 중인 게임에 대해선 반드시 알아야 한다. 지원한 회사에 정말 오고 싶어 한다는 인상을 팍팍 심어줄 필요가 있다. 실제로 엔씨소프트는 면접에서 자사 게임은 물론 심지어 야구 구단인 NC 다이노스에 관한 질문도 한다. 나는 면접관으로 참여하면 '게임 기획에 대한 정의', '게임 시스템에 대한 정의', '스토리텔링의 개념' 같은 질문을 한다. 너무 흔해서 당연히 알고 있다고 생각하는 것 중에는 의외로 대답하기 힘든 게 많다. 이런 원론적인 질문에서 누구를 뽑아야 할지 판가름이 난다. 내가 신입 기획자였을 당시에 절대 대답하지 못했던 그런 질문들이다.

2부

LOGIN

출근을 합니다

게임 회사
출근 첫째 날

(LOGIN)

회사마다 다르겠지만 게임 회사의 첫째 날은 거의 비슷하지 않을까 생각한다. 가장 먼저 앞으로 쓸 본인의 컴퓨터 세팅을 한다(이미 다 되어 있는 경우도 있다). 파트와 상관없이 설치해야 하는 건 게임 엔진과 SVN 같은 문서 공유를 위한 툴이다. 그간 작업한 내용이 많다면 다운로드에만 상당한 시간이 걸린다. 게임 기획자가 가장 많이 사용하는 MS 오피스(정확히는 엑셀)는 기본적으로 설치되어 있는 편이다. 프로그램 설치와 관련된 최근의 가장 큰 변화라면 정품의 사용이 정착화되었다는 사실이다. 내가 처음 게임 업계에 들어왔을 당시에는 비정품 프로그램의 사용도 많았다. 특히 아트 작업을 위한 툴의 경우 가격이 상당한 편이어서 단속이 있으면 비정품 프로그램이 설치된 컴퓨터를 창밖으로 버리는 게 낫다는 우스갯소리도 있다. 물론 농담이겠지만 그만큼 가격이 비싸다는 얘기다. 아트 작업을 위해선 반드시 사용해야 하는 프로그램이 독점이라 어쩔 수 없기는 하다. 게임 개발비의 대부분이 인건비인 건 사실이지만, 프로그램을 사용하는 데 드는 비용도 결코 적지는 않다. 여튼 나를 고용한 회사를 위해서 일할 준비를 하는 게 회사 업무의 시작이다.

컴퓨터 세팅 전에 겪어야 할 일이 있다면 첫 출근의 어색함이다. 보통 첫 출근날 회사에서 내가 아는 유일한 얼굴은 나를 뽑은 면접관(아마도 팀장 OR 파트장)일 확률이 높다. 출근하고 그분들이 안 보이면 심하게 당황스러울 수 있다. 나의 엔씨소프트 첫 출근 날도 그랬다. 아무것도 몰랐던 내가 먼저 말을 걸었던 사람은 엔씨소프트 내에서도 가장 높으신 분 중 한 명이었다(물론 나중에 알았다). 당연히 나에 대해서는 전혀 모르고 계셨기에 나만 어쩔 줄 몰라 하는 상황이 벌어지기도 했다. 하지만 이건 일부의 경우고 보통은 회사에 첫 출근하는 사람을 위한 인원을 배정해 두기 때문에 뭐든 물어보면 된다.

　사람이 어느 정도 모이게 되면 아마도 나를 진두지휘하실 분이 기존 멤버들에게 인사시키는 과정을 거친다. 반드시 거쳐야만 하는 통과 의례인데, 각각의 파트와 팀원들 이름을 말해주지만 한 번에 기억하긴 어렵다. 파트정도만 외워두어도 다행이다. 내가 속해 있던 〈블레이드 앤 소울〉 팀은 기획자만 수십 명에 해당하는 큰 조직이어서 사람 얼굴과 이름을 익히는 시간이 꽤 오래 걸렸다. 나도 그렇지만 소개받는 사람 역시 어색한 건 어쩔 수 없다. 첫째 날은 크게 할 일도 없어서 조직도를 들여다보는 건 좋은 선택이다. 사소해 보여도 함께 일할 동료의 얼굴, 이름, 파트를 아는 건 업무에 많은 도움이 된다.

　컴퓨터 세팅이 끝났다면 개발 중인 게임의 기획서를 볼 수 있다. 그때까지 만들어진 게임을 플레이할 수 있게 된다면 한동안 그것만 하기도 한다. 내가 만들 게임에 대해 잘 아는 것은 기본이다. 회사에서도 시간을 충분히 주는 편이어서 출근 첫째 날이 가장 한가하다고 보면 된다. 경력이 있고 당장에 일할 사람으로 뽑혔다면 바로 실무에 투입되는 특별한 사례도 있다.

　나의 모든 첫째 날은 여유로웠다. 회사 생활을 한다면

힘들 수도 있는 사람을 첫날부터 만나지는 않기 때문에 무적의 시간이라 할 수 있다. 새로운 동료, 새로 할 일에 대한 기대감도 충만해서 기분도 좋다. 특별한 일정이라고 해봤자 기존 기획팀 사람들과의 티타임 정도다. 언제 사라질지 모르는 이 시간을 충분히 즐길 필요가 있다. 퇴사하는 날이 가장 좋고, 그 다음으로 출근 첫째 날을 좋아한다.

게임 기획자의
하루

(LOGIN)

　사람이 일을 하려면 기계와 마찬가지로 예열 시간이 필요하다. 그러기 위해 필요한 건 아메리카노 한 잔이다. 10년은 넘은 내 하루 루틴의 시작이자 의식이다. 커피 한 모금을 마시면서 그날 해야 할 일을 파악하고, 회의와 같은 업무가 없는지 확인한다. 본격적인 업무를 준비하는 소중한 시간이다. 메일 혹은 협업 툴, 아니면 별도의 다이어리를 참고한다. 주니어 시절에는 다이어리를 사용했는데, 지금은 협업 툴을 활용한다. 회사마다 일하는 방식과 사용하는 협업 툴도 달라서 적응할 필요가 있다. 협업 툴에 익숙하지 못한 채 쓰면 오히려 더 어려워서 일을 위한 일을 한다는 느낌이 들기도 한다.

일정 확인이 끝나면 본격적인 업무가 시작된다. 게임 기획자라고 통칭해서 부르지만 사실 맡은 파트에 따라 하는 일의 차이가 크다. 어떤 일을 하는가에 따라 하루 일과 역시 달라진다. 이번에 책을 쓰던 중에 우연히 주니어 시절에 회사에서 사용하던 다이어리를 발견했다. 그중 한 주의 일과를 옮겨왔다. 참고로 2009년의 나는 퀘스트 기획자였고, 무협 MMORPG의 에픽 퀘스트 담당이었다.

2009. 1. 19(월)

- 세가 운영 관련 구상

- 주간 회의: 정파 레벨링 작업, PPT 형식

- 정파 레벨링 작업: 에픽 퀘스트 동선 정리 - 202 지역

2009. 1. 20(화)

- 정파 레벨링 구상

- 정파 레벨링 구상: 퀘스트 구상 및 동선 정리 - 203지역

- 회의: 에픽 레벨링

- 정파 레벨링 구상: 퀘스트 구상 및 동선 정리 - 204지역

2009. 1. 21(수)

- 세금 관련 서류 준비

- 정파 레벨링 구상: 퀘스트 구상 및 동선 정리 - 203지역

- 정파 레벨링 구상: 퀘스트 구상 및 동선 정리 - 204지역

- 휴식, 담소

- 정파 레벨링 작업: 퀘스트 구상 및 203, 204 지역

2009. 1.22(목)

- 정파 레벨링 작업: 에필 퀘스트 동선 정리 - 203, 204 지역

- 병국이 생일 파티

- 정파 레벨링 작업: 에픽 퀘스트 동선 정리 - 전체 수정

- 정파 레벨링 작업: 에픽 퀘스트 동선 정리 - 1차 마무리

- 휴식, 담소

- 주간 회의: 주중 업무 정리, 다음 주 일정

- 정파 레벨링 작업: 에픽 퀘스트 동선 정리 - 점검

2009. 1.23(금)

- 자료 조사: 무협 관련 도서

- 휴식, 담소

- 중립지역 레벨링 준비

게임 기획자는 이렇게 일주일 단위로 하루를 보낸다.
일하고, 회의하고, 쉬고, 팀원 생일이 있으면 챙기고, 자료

조사도 하는 일의 반복이다. 게임 기획자도 보통의 사무
직 근로자와 같은 하루를 보낸다. 이때의 기억을 더듬어
보자면 정신없이 일하다 퇴근 시간이 되면 퇴근을 아쉬워
하곤 했다. 게임 기획자로 일을 처음 배우던 때라서 더 그
랬을 수는 있다. 게임 기획자의 하루가 재미있는 이유는
같은 하루가 반복되지 않는다는 점이다. 기획서를 쓰더라
도 매번 다른 기획서, 회의를 하더라도 매번 다른 회의, 가
장 지겹다는 데이터 작업 역시 같은 일이 반복되는 일은
없다.

자유롭고 수평적으로(?) 일합니다

LOGIN

게임 회사에 대한 대표적인 인식은 자유로운 분위기에서 일한다는 거다. 막상 일해보니 그렇지 않다고 하면 반전이겠지만 정말 대체로 자유로운 편이다. 타 업계에서 넘어오신 분의 이야기를 들어봐도 게임 회사의 분위기가 다른 업계에 비해 덜 경직되어 있는 건 분명하다. 드라마에서 자주 등장하는 회사의 삭막함을 10년이 넘게 일하면서 많이 경험하진 않았다.

생각해 보면 몇 가지 이유가 있는 것 같다. 일단 게임 업계의 일 자체가 노동집약적이지 않다. 일하는 시간과 성과가 비례하지도 않는다. 극단적인 예를 들자면 10시간 고민한 스토리보다 딴짓하다 불현듯 떠오른 스토리의 완성도가 더 높을 수 있다. 이성의 영역이면서 감성의 영역이기도 한 콘텐츠의 특성이 원래 이렇다. 그래서 일에만 매달리기보다는 쉴 땐 쉬는 게 업무에 더 도움이 되기도한다. 회사도 이런 사실을 알기에 점심시간을 길게 주거나 특정 요일엔 재택 근무를 하게 하는 등의 다양한 시도를 한다. 주 4일제로 운영되는 게임 회사도 있다.

반면 여전히 야근을 권장(?)하는 회사도 존재한다. 포괄 임금제는 야근을 시켜도 적은 비용으로 직원을 부릴 수 있는 (고용주 입장에선) 유용한 제도다. 회사는 저녁값이나 택시비 정도만 부담하면 된다. 지독한 회사는 퇴근을 10~11시로 조정해서 택시비마저 아낀다. 사장님의 대단한 꼼수다. 하지만 회사 입장에서 당장은 이득처럼 보여도 강제적인 야근이 계속되면 사람들은 낮에 일에 집중하지 않는다. 8시간 동안 할 일을 10시간, 11시간에 하기 때문에 업무 시간이 널널해진다. 시간이 넉넉하다고 생각되면 업무 중의 긴장감이 줄어들면서 커피나 담배 타임도 자연스럽게 늘어난다. 인과관계가 이상하지만 자유로운 분위기인 것은 분명히 맞다. 최근에 포괄 임금제가 사라지자 15분 이상 자리를 뜨면 경고를 날리는 등의 관리에 들어간 회사도 있다고 한다. 이건 사실 정상화라고 봐야 한다. 그전엔 작업자들에게 불리한 포괄 임금제를 고려해서 회사에서 봐준 측면이 있기 때문이다.

두 번째로 게임 회사가 수평적인 분위기에서 일한다는 인식이 많다. 자유로운 건 맞지만 수평적이냐고 묻는다면 쉽게 긍정할 수가 없다. 첫 회사에 다닐 당시에 나는 많은 사람이 지켜보는 앞에서 홍보 이사님께 깨진 적이 있었다. 표면적인 이유는 내가 담당했던 미니 게임의 난이도를 조절했기 때문이다. 진짜 이유는 입사한 지 몇 개월 되지도 않은 내가 감히 결정의 권한을 가지려 했다는 거였다. 포인트는 '감히'에 있다. 신입 기획자인 내가 감히 어떤 생각을 하고 판단했다는 사실이 용납되지 않았다. 첫 회사는 전형적인 탑다운 방식의 개발 환경이었다. 수직적인 탑다운 방식 자체에 문제가 있다고 생각하는 사람이 많은데 꼭 그렇지는 않다. 문제는 그 지시를 내리는 탑이 실력은 탑이 아닐 경우에 발생한다. 당시 홍보 이사는 직위가 높을지는 몰라도 개발에 관해선 신입인 나보다 모르는 사람이었다. 이후에도 아트 출신의 디렉터, 서버 출신의 기획 팀장, RPG 제작 경험이 없는 PD를 경험했다. 앞의 한 문장에 대한 이야기는 너무 길어서 더 하지 않으려 한다.

부정적인 사례를 먼저 꺼냈지만 그럼에도 게임 회사는 원활한 의사소통이 가능한 편이다. 실제로 회사들도 그러기 위해 노력을 많이 한다. 직급이 아닌 ○○님이나 영어로 이름을 부르는 것이 대표적 예다. 이게 별것 아닌 것 같지만 수평적인 관계에서 일을 하게 하는 장치다. 회사의 노력과 달리 가족 같음 운운하며 형, 동생 먹으려는 인간들이 있는데, 누군가 그런 시도를 한다면 칼같이 잘라야 한다. 이런 관계에서 동생은 무조건 을이 된다. 이미 을인데 자처해서 을의 을이 될 필요는 없다. 물론 자연스럽게 친해져서 말을 놓게 되는 건 문제가 되지 않는다. 오래 일하다 보니 가끔 이런 인간들이 있었다. 다짜고짜 말부터 놓으려는 인간들. 일적으로나 사적으로나 하등의 도움이 되지 않는다.

회의, 회의, 회의

(LOGIN)

'회사 생활의 꽃이 무엇인가?'라는 질문에 다양한 답변이 나올 것이다. 퇴근, 점심시간, 회식, 휴가, 승진… 아니면 퇴사(?)일 수도 있다. 보상의 측면이 아닌 일적인 측면에서 본다면 회사 생활의 꽃은 당연히 회의라고 생각한다. 게임 회사의 업무란 게 회의를 거쳐야만 진행되는 일이 대부분이다. 게임처럼 뭔가를 만드는 일을 한다면 내얘기에 공감할 것이다. 드물지만 하루 종일 회의만 하기도 한다. 이런 날은 식상한 표현으로 입에서 단내가 나올정도로 말을 많이 한다. 어떻게 시간이 흘렀는지 모를 정도로 정신이 없다가 어느덧 퇴근 시간이 되어 있다. 회의는 일의 시작일 뿐 끝은 아니어서 회의가 길어지고 많아질수록 일은 계속 쌓인다. 분명히 일은 하지만 어떤 면에서는 일이 아닌 게 회의다. 회의 때문에 못한 일을 하느라 어쩔 수 없이 야근하는 상황이 벌어지기도 한다.

게임 회사의 특수성은 공동 창작을 한다는 점이다(물론 1인 개발은 예외다). 창작자라면 누구나 특유의 고집이 있기 마련이다. 취향과 생각이 각자 다르다. 회의를 하다 보면 취향으로 많이 싸운다. 취향은 답이 없다. 그냥 좋으니깐 좋은 거다. 빨간색을 좋아하는 데 어떤 이유가 필요할까. 이걸로 논쟁이 시작되면 결론을 내기 어렵다. 가끔씩 일적으로 손해 보지 않으려는 논쟁도 벌어진다. 서로의 의도를 뻔히 알지만 먼저 이야기를 하진 않는다. 누군가 먼저 그런 의사를 내보이는 순간 지는 싸움이 된다. 내가 관여되어 있지 않고, 내 일이 아니라고 생각하면 관전의 재미가 있다. 이런 격한 논쟁을 좋아하는 걸 보면 나는 게임 기획자가 천직이다. 회의가 시작될 때면 어떤 논의가 이루어질지에 대한 기대감이 나를 설레게 한다. 정확히는 사람들이 가진 생각을 몹시 궁금해한다.

무의미한 회의가 되지 않게

게임 기획자는 대부분의 회의를 주관한다. 뭘 만들고, 어떻게 만들지는 게임 기획자에게 달려 있기 때문이다. 회의는 그 과정에서 필요하다. 중요한 건 그 회의가 생산적이어야 한다는 점이다.

내가 생각하는 생산적인 회의는 어떤 식으로건 결론이 나는 회의다. 결론이 나지 않아서 다음 회의로 미뤄진다면 그때까지 일의 진행이 어렵다. 무리해서라도 결론이 나야 하는 건 이 때문이다. 언젠가 회의에서 너무 결론을 내려고 하는 것 같다는 황당한 피드백을 받은 적이 있다. 결론을 내지 않는다면 회의를 할 이유가 없다. 어떤 일을 처음 시작하는 단계라면 브레인스토밍에 머무는 회의를 많이 하게 되는 건 사실이다. 그러나 브레인스토밍으로 시작했더라도 어떤 식으로건 결론을 도출할 수 있어야 한다(물론 브레인스토밍이 회의의 목적이라면 그건 문제 되지 않는다).

내가 세운 회의 원칙 중 하나는 '완벽하지 않더라도 대안이 있는 상태에서 비판한다'이다. 대안이 없는 상태에서의 비판은 비난이 되기 쉽다. 비난이 아닌 비판을 하기만 해도 충분히 성공적인 회의가 된다. 논리는 게임 기획자 최고의 무기다. 대안 역시 논리가 있다면 만들어낼 수 있다. 결정적으로 회의는 무조건 짧아야 한다. 긴 회의의 이점은 하나도 없다. 논의할 내용이 많으면 회의를 나눠야 하는 게 맞다.

좋은 사수 만나는 것도
복입니다

LOGIN

각자도생하는 것처럼 보이는 게임 업계지만 도제 시스템은 여전히 유효하다. 게임 업계가 아니어도 어떤 조직이든 사수와 부사수의 관계가 존재하기 마련이다. 회사 입장에선 사수라 부르는 누군가에게 부사수의 교육과 책임을 모두 떠맡길 수 있다는 점에서 아주 편리한 시스템이다. 어떤 사수를 만나느냐는 순전히 운이다. 그런데 그 운은 커리어 전반에 아주 큰 영향을 미친다.

작은 회사를 피하라고 조언하는 이유 중 하나도 작은 회사엔 사수가 없을 수도 있기 때문이다. 어느 신입 게임 기획자가 입사했더니 자신을 뽑아준 기획 팀장님이 퇴사했고, 그분의 업무를 떠맡아서 하게 되었다는 전설 같은 이야기도 있다. 신입은 말 그대로 신입이어서 어떤 방향으로 가는 것이 맞는지 제대로 판단하기 어렵다. 경력자의 판단이 무조건 옳은 것은 아니지만, 실무를 통해 얻은 경험의 힘을 무시할 순 없다. 사수가 작정하고 가르쳐주려고 한다면 정말 많은 것을 배울 수 있다. 많은 것을 배워서 실력도 향상되고, 개인적인 친분도 생긴 상태에서 사수가 다른 회사로 이직한다고 해보자. 그 회사에서 자리가 생기면 높은 확률로 나를 부를 것이다. 사수 입장에선 검증된 이와 함께 일할 수 있다는 점에서 채용 실패의 부담이 적다. 이른바 인맥 채용은 게임 회사에서 아주 흔하며, 지인 소개에 따른 인센티브를 주는 회사도 많다. 그래서 능력 있는 사수를 만나서 좋은 관계를 유지한다면 커리어 면에서도 유리하다.

　나의 경우 첫 회사와 두 번째 회사에서 모두 좋은 사수를 만났다. 두 분 다 나에게 많은 것을 가르쳐주려고 하셨다. 무엇보다 합리적인 사고방식을 가지고 계신 분들이라 시키는 것만 하면 일이 잘 진행되었다. 안타깝게도 함께 일한 시간이 길지는 않았다. 첫 회사의 사수와는 종종 술을 마셨는데, 이야기하면서 배울 게 많아서 그런지 즐거운 술자리였다. 회사 근처의 무한 리필 참치집을 자주 갔던 기억이 아직도 남아 있다. 요즘은 공과 사가 분리되면서 사수와 사적인 뭔가를 함께 하는 일은 드물어졌다. 회사 사람들과 사적인 자리를 갖는 것 자체가 줄어들고 있다. 이런 사회 분위기 속에서 사수와 부사수의 유대가 예전보다는 약해지는 건 당연해 보인다. 이런 변화는 긍정적이라고 보기도 어렵고 부정적이라고 보기도 어려운, 어쩔 수 없는 시대의 흐름이다.

시간이 흘러 나도 사수가 될만한 경력을 갖추게 되었지만, 그때쯤 게임 시나리오 기획 일을 많이 하게 되었다. 아무래도 팀당 한 명인 포지션이다 보니 부사수라 부를 만한 작업자와 일해보진 못했다. 지금 생각하면 그 점은 약간 아쉬운데, 내가 과거의 사수에게 받은 게 있어서 그런지 베풀고 싶은 마음이 있어서다.

무협물에는 사부가 제자에게 공력을 전수하고 죽는 장면이 자주 나온다. 사부가 죽는 이유는 제자에게 너무 많은 걸 줘버렸기 때문이다. 참된 스승이라면 스스로 깨우치도록 해야 하는데, 그 섭리를 어겨서 하늘이 벌을 준 게 아닐까. 사수와 부사수의 관계는 어느 정도는 사제지간이

라 할 수 있는데, 만약 부사수가 있었다면 내가 죽지 않을
정도로 잘해줬을 거다.

넌 내 동료가
되지 마라

LOGIN

　이 책을 쓰면서 게임 기획과 게임 기획자에 대한 생각을 많이 하게 되었다. 그러면서 문득 타 파트에서 게임 기획자를 어떤 관점에서 바라보고 있는지 궁금해졌다. 내 주변엔 나와 동갑인 2D 애니메이터와 3D 애니메이터 둘이 있다. 이들과 이야기를 나누다 보니 함께 일하기 싫은 유형의 게임 기획자가 비슷하다는 것을 알 수 있었다. 다름 아닌 선을 넘는 게임 기획자였다. 대부분의 아트 작업자가 원하는 건 큰 맥락에서의 방향성이다. 그 방향성에 어긋나지 않는다면 나머지는 아트 작업자의 몫이다. 그럼에도 일부 게임 기획자들은 너무 세세한 요구나 아트의 영역을 침범할 정도의 의견을 내곤 한다. 아티스트의 자존심을 건드린 셈인데, 이런 경우 불편할 수밖에 없다. 게임 개발에 참여하는 이들은 모두 크리에이터임과 동시에 전문가이기 때문이다. 그 선은 함부로 넘어선 안 된다.

생각해 보니 나 또한 친구들과 비슷한 경험을 한 적이 있다. 게임 시나리오와 아트 파트는 고유의 영역이 존재하는 창작 분야라는 점에서 성향이 비슷하다. 특히 게임 시나리오는 팀에 한 명을 넘기 어려운 포지션이어서 자신을 제외한 협업 작업자 모두 비전문가다. 어느 정도 관련 지식이나 감각이 있는 이들도 있지만, 게임 시나리오를 대사가 많은 소설 정도로 생각하는 사람이 많다. 이런 경우 전혀 말이 통하지 않아서 한 시간이면 끝날 회의가 몇 시간이 걸리는 일도 비일비재하다. 그들이 제시하는 의견도 취향에 가깝거나 부분적인 경우가 많아서 도움이 되지 않는 편이다. 그렇다고 현실적으로 그 의견을 완전히 무시하기도 어렵다. 이래저래 난감한 상황이다. 내가 느낀 불편함을 느끼게 하는 게임 기획자라면 함께 일하기 싫을 게 분명하다. 내 영역이 아닌 파트의 피드백은 정말 신중할 필요가 있다.

최악의 동료,
정치꾼

앞서 말한 사례는 그래도 일적인 영역에서 부딪히는 경우지만 더 나쁜 상황도 있다. 개인적으로 함께 일하기 가장 싫은 게임 기획자는 정치꾼이다. 정치꾼들은 대체로 업무 역량이 떨어지는 편이라 남을 깎아내려 자신의 가치를 높이려 한다. 비교된다는 이유로 자기 주변에 일 잘하는 사람이 있는 걸 싫어한다. 아니면 자신이 통제할 수 있는 사람이어야 한다. 일은 안 하고 편 가르기나 친목질만 한다. 정치꾼의 힘은 친분에서 나온다. 한 회사에 오래 있으면 그만큼의 힘이 생기기 마련인데 그들은 그걸 아주 잘 이용한다. 속담에 굴러들어온 돌이 박힌 돌을 빼낸다고 하지만 현실에서 거의 일어나지 않는 일이다. 나도 한 번 제대로 당한 적이 있었는데 내가 할 수 있는 유일한 선택은 퇴사였다. 맞춰주면서 다닐 수도 있었지만 시간과 커리어를 낭비하기가 싫었다.

나와 같은 경험을 한 사람이 많은 걸 보면 이러한 정치질은 게임 업계의 고질적인 폐해라 할 수 있다. 더 답답한 점은 이런 정치꾼의 생명이 묵묵히 일하는 사람들보다 더

길다는 점이다. 프로젝트가 망해서 팀원들은 정리해고를 당했는데 자기만 승진하는 케이스도 존재한다. 회사 내 높은 사람들과 연결되어 있기 때문에 그들의 힘은 공고하다. 정치를 좋게 포장한다면 생존 본능이지만 그 생존은 본인만을 위한 것이라 나머지 사람에게 너무나 큰 피해를 준다.

게임 회사로
출퇴근합니다

LOGIN

대한민국에서 가장 비싼 동네는 당연히 강남이다. 돈을 잘 벌어서 그런지 예전부터 강남엔 게임 회사가 많았다. 정부 정책과 맞물려 많은 회사가 판교로 옮겨갔다. 엔씨소프트, 넥슨, 크래프톤, 스마일 게이트, 네오위즈, 웹젠, 위메이드 등이 대표적이다. 게임 회사라고 하면 판교를 먼저 떠올리게 되는 건 어쩌면 당연하다. 내가 판교의 지박령이 된 것도 괜찮은 회사들이 대부분 판교에 있기 때문이다. 그럼에도 여전히 강남엔 많은 게임 회사가 있다. 크래프톤 서울지사나 네오플 서울 지사도 비교적 최근에 자리 잡은 곳이다. 강남과 판교를 제외하고 게임 회사가 몰려 있는 곳을 꼽으라면 구로다. 옆의 가산 역시 같은 동네로 구분할 수 있다. 구로의 가장 유명한 회사는 단연 넷마블인데, 예전엔 야근이 많아서 '구로의 등대'라 불릴 정도였다. 넷마블의 자회사 중에 '구로발 게임즈'라는 이름을 가진 회사가 있는 걸 보면 구로라는 지역에 애착이 상당해 보인다. 최근에 신사옥으로 이사를 했는데, 신사옥 역시 구로에 있다. 정리하자면 강남, 판교, 구로에 국내 게임 회사의 대부분이 몰려 있다고 봐도 무방하다.

그렇다고 해서 지방에 게임 회사가 아예 없는 것은 아니다. 펄어비스가 안양에 있기는 하지만 판교권이라 지방이라는 느낌은 적다. 서울과 경기도를 벗어난 지방의 대표적인 게임 회사는 KOG다. 대구를 대표하는 게임 회사인데 규모도 적지 않고 역사도 오래되었다. 지방은 상대적으로 국가 지원을 받기가 수월하다는 이점이 있지만, 인력을 구하기가 쉽지 않다는 치명적인 약점도 있다. 트리노드 같은 부산의 게임 회사가 서울에 사무실을 둔 것도 이 때문이다.

내가 송파구에 계속 살게 된 이유는 강남과 판교, 두 지역 모두로 쉽게 출근할 수 있기 때문이다. 덕분에 강남에 있던 엔씨소프트가 판교로 이전했을 때도 이사할 필요성을 못 느꼈다. 광역버스를 타야 했지만 한 시간 이내에 출퇴근이 가능한 건 확실한 장점이다. 판교는 교통이 편리한 곳이 아니다. 정확히는 대중교통이 편리하지 않다. 자동차로 20분이면 가는 거리지만 대중교통으론 50분씩 걸리기도 한다. 자가용을 이용하고 싶지만 워낙 회사가 많은 곳이라 주차 자리를 구하기가 쉽지 않다. 엔씨소프트가 제2 사옥을 짓기 위해 구입한 부지는 그동안 임시 주차장으로 사용했는데, 그 많은 차는 앞으로 다 어디로 갈지 궁금하긴 하다. 개인적으로 출퇴근이 가장 힘든 곳은 구로였다. 출퇴근 시간에 지하철에 몰리는 사람이 너무 많다. 한번은 근처에 일이 있어서 자가용으로 가본 적이 있는데, 도로를 탄 건 처음이라 그런지 다른 도시로 여행하는 것만 같은 느낌을 받았다. 멀고, 생소했다. 물론 나의 경험은 내가 송파에 거주하고 있어서 겪을 수 있는 일이긴 한데, 구로에 대한 나의 심리적인 거리는 멀다.

게임 회사가 가장 많은 곳이 판교인데 정작 일하는 사람은 그 동네에 살지 못한다는 건 대단한 아이러니다. 올재택이 가능한 개발 노하우가 쌓여서 게임 회사들이 강남, 판교, 구로를 벗어날 수 있으면 좋겠다. 본사가 강원도에 있어도 지원할 수 있는 그런 상황이 되면 게임을 만드는 사람도 더 행복해질 것 같다. 그런 날이 온다면 지방의 게임 회사들도 인력난에서 조금은 자유로워지지 않을까 생각해 본다.

회식, 야근
그리고 아메리카노

LOGIN

참석은 자유롭게, 과정은 간단하게
게임 회사의 회식

    회식을 힘들어하는 회사원이 많다. 그러나 내가 경험한 게임 회사의 회식은 회사에서 나온 돈으로 맛있는 점심이나 저녁을 먹는 일이 전부다. 드라마나 영화에 자주 묘사되는 술을 강요하는 분위기의 회식은 아직 없었다. 개인적인 성향이 강한 IT 업계의 특성상 회식에 큰 의미를 부여하지는 않는 듯하다. 어느 정도 규모가 있는 회사라면 한 달에 1인당 4~5만 원 정도의 회식비가 나온다. 지갑 사정이 풍족하지 않기 때문에 주니어 시절의 회식은 아주 특별한 이벤트였다. 평소에는 먹어볼 생각도 못 한 음식을 회식 때 맛볼 수 있어서 좋았다(스테이크를 썰 수 있다). 회식과 다른 약속이 겹친다면 약속을 취소할 정도였다. 그렇다고 꼭 공짜 밥 때문에 회식에 간 건 아니었다. 회식을 통해 평소에 깊은 대화를 나누기 어려웠던 팀원들과 대화할 수 있어서 좋았다. 특히 일 얘기밖에 할 수 없었던 다른 파트 사람들과 함께할 수 있는 흔치 않은 기회여서 정말 특별한 사유가 아니면 참석한다. 게임 기획자는 다른 파트와 협업할 기회가 많은 편이라 두루두루 친하게 지내면 좋다. 내가 회식에 임하는 태도만 본다면 회사가 회식 비용을 들이는 취지에 맞게 행동하는 셈이다.

개인 시간 침해, 술 강요, 상사 위주의 회식 등이 회식을 싫어하는 이유일 것이다. 사람에 따라 호불호가 갈리겠지만 나의 경우 회식의 장점이 더 크다고 봐서 개인 시간 침해라고는 생각하지는 않는다. 게임 회사의 회식에서는 술을 강요하지도 않고, 다른 일정이 있으면 빠져도 된다. 상사는 어차피 회사 그만두면 안 볼 사람이라 크게 신경 쓸 필요가 없다. 회식도 대부분 1차에서 끝나고, 2차는 선택 사항이다. 회식을 안 갔다고 뭐라고 하는 사람도 없다. 다른 업계는 모르겠지만 내가 다닌 게임 회사들을 대체로 이런 분위기였다. 처음 일을 시작하던 때와 달라진점이라면 금요일 회식이 사라지고, 저녁보다는 점심 회식이 늘어났다는 사실이다. 시대의 변화라면 변화다. 코로나로 인해 회식 문화가 변화하면서 소규모로 진행하거나랜선 회식을 하기도 한다. 쌓인 회식비로 기프티콘이나물건을 나눠준 적도 있었다.

야근의 추억

포괄 임금제는 시간 외 근로에 대한 수당을 급여에 포함하는 일종의 후려치기다. 야근을 하더라도 야근에 대한 보상을 하지 않겠다는 일종의 악법이지만 엔씨소프트가 포괄 임금제를 폐지한 게 2019년일 정도로 게임 업계의 오랜 관행이었다. 게임 회사엔 '크런치 모드'라는 게 있다. 마감을 앞두고 잠자는 시간도 줄여가며 근무하는 극한의 업무 태세를 뜻한다. 야근에서 그치면 다행이지 새벽까지 이어지거나 날을 새기도 한다. 365일을 크런치 모드로 운영하는 회사도 있었다. 상대적으로 자금에 여유가 없는 작은 회사의 생존방식 중 하나다. 당연히 몸에 무리가 가는 일이어서 과로사로 이어지는 경우도 있었다. '구로의 등대'나 '판교의 등대'라는 게임 회사의 별명은 농담으로 넘길 일이 아니라 게임 업계가 안고 있는 심각한 문제점이다.

지금은 포괄 임금제 폐지와 주 52시간 근무제로 인해 야근이 줄어드는 추세다. 반대로 생각하면 52시간 이상을 근무할 수 없다는 의미라 제약이 되기도 한다. 야근에 대한 인식도 경력에 따라 차이가 나지 않을까 싶다. 〈블레이드 앤 소울〉 출시 준비를 하던 때에는 야근이 잦았다. 프로젝트 성공이라는 큰 목표가 있었기 때문인지 팀원들도 야근에 대한 불만은 적었던 것으로 기억한다. 일 얘기를 나누며 야식을 먹던 그 시간이 너무나 행복했다. '내가 진짜 게임을 만들고 있구나' 하는 희열감을 느꼈다. 게임 기획자로 살고 있다는 사실이 너무나 뿌듯했다. 나를 땔감 삼아 하얗게 불태웠던 시절이었다. 젊음이라는 땔감의 화력이 좋아서인지 빠르게 성장할 수 있었다. 동기부여가 확실한 상태에서의 야근은 즐거울 수도 있다는 게 나의 지론이다.

그러나 무의미한 야근도 많았다. 무의미한 야근은 강제 야근을 의미한다. 포괄 임금제를 활용한 작은 회사의 치졸한 생존방식의 하나다. 사장 입장에선 저녁값으로 몇 시간 일을 더 시킬 수 있기에 이득이라 생각한다. 가장 싫은 야근은 같이 월급을 받는 관리자가 야근을 강제하는 경우다. '우리 팀은 야근까지 하면서 열심히 하고 있다'는 한마디를 하기 위해 다수를 희생자로 만든다. 보여주기식 야근이랄까. 야근이 당연시될 때의 문제는 8시간이면 끝낼 수 있는 일을 야근 시간까지 포함해서 하게 된다는 점이다. 같은 일을 하면서 직원들의 사기만 떨어뜨린다. 무엇보다 사람은 기계가 아니어서 오래 일한다고 해서 시간만큼의 효율이 나진 않는다. 강제 야근의 가장 큰 문제점은 능력자들이 회사나 그 팀을 떠나게 한다는 것이다. 강제 야근을 시키는 사람만 이 사실을 모른다.

어른의 음료

지금은 물보다 더 많이 마시는 액체가 아메리카노다. 아메리카노라는 노래가 나올 정도로 찬사가 쏟아지는 음

료지만 처음부터 좋아한 건 아니었다. 쓰고 맛없는 검은 물을 자기 돈 주고 마시는 사람들이 이해되지 않았다. 나에겐 아메리카노와 같은 음료를 마시지 않을 거라는 강력한 신념(?) 같은 게 있었다.

　게임 회사라고 하면 뭔가 특별하게 느껴지지만 결국 사무직이다. 사무직은 하루 8시간을 책상에서 앉아서 보내야 한다. 8시간은 최소 시간이며 더 많아질 수도 있다. 일을 하다 보면 갈증을 느끼는데 물로는 채워지지 않는다. 입이 심심하다고나 할까. 누군가는 담배를 피우고 누군가는 간식을 먹는다. 나는 맥심으로 통칭하는 달콤한 커피를 마셨다. 문제는 마시는 양이었다. 너무 많이 마시자 좋아하던 단맛은 어느 순간 부담으로 다가왔다. 어쩌다 얻어먹은 아이스 아메리카노가 나에게 스며들면서 본격적인 사랑이 시작되었다. 중독성만 따진다면 아메리카노가 게임보다 한 수 위다. 게임은 참아도 아메리카노는 못 참는다. 아메리카노에 대한 나의 사랑은 일전에 간 이탈리아 여행에서 정점을 이뤘다. 이탈리아는 커피와 빵에 대한 자부심이 강한 나라다. 이탈리아 사람들은 카페에 가면 주로 에스프레소를 마신다. 이탈리아 본토의 에스프레소는 정말 맛있었다. 그러나 날씨가 더울 때 생각나는 건 아이스 아메리카노였다. 팔지를 않는다. 동네 카페에는 당연히 없고, 어렵게 구글맵을 보고 찾아간 맥도날드에도 아이스 아메리카노는 없었다. 이탈리아 여행의 유일한 아쉬움이 아이스 아메리카노가 없다는 점이었다. 나는 그렇게 아메리카노형 인간이 되었다.

이제는 하루에 최소 한 잔, 많은 날은 4~5잔을 마시면서 일한다. 별것 아닌 이런 변화에서 내가 어른이 되었다는 걸 실감한다. 일을 시작한 후에야 비로소 아메리카노의 매력을 알게 되었다. 직장인들이 아메리카노에 열광하는 건 그들이 직장인이기 때문이다. 복지의 일환으로 아메리카노를 무료 혹은 저렴한 가격에 제공하는 게임 회사가 많다. 아쉽게도 그동안 내가 근무한 게임 회사 중엔 맛있다고 느낄만한 아메리카노가 없었다. 만약 깊은 향과 산미가 느껴지는 아메리카노를 제공한다는 소문이 있는 회사라면 관심을 가지고 지켜보지 않을까 싶다. 내가 카페에서 작업하는 걸 특히나 좋아하는 이유도 노트북 옆에 항상 있는 아메리카노 때문이다. 일하면서 마시는 아메리카노는 핫이건 아이스건 궁합이 너무 잘 맞다. 아메리카노는 아마 일하는 사람들을 위해 노동의 신이 만든 음료가 아닐까 생각한다.

3부

LOADING

게임을 만듭니다

기획, 아트, 프로그램 등
게임 공장 사람들

[LOADING]

    게임 회사는 게임이라는 공산품(?)을 만드는 곳이다. 내가 그렇게 생각하는 이유는 게임을 만드는 일이 공장에서 자동차를 생산하는 과정과 놀랍게도 유사하기 때문이다(유사한 정도가 아니라 차이가 없다). 자동차를 만든다고 가정해 보자. 필요한 부품을 여러 파트에서 만든 후에 조립하면 하나의 자동차가 된다. 마찬가지로 게임을 구성하는 여러 시스템과 리소스를 각 파트에서 만들어 결합하면 하나의 게임이 된다. 농담 삼아 게임 회사를 공장이라 부르는 것도 이 때문이 아닐까 싶다.

게임 공장은 크게 기획, 아트, 프로그램, 세 파트로 나누어진다. 프로그램은 다시 클라이언트와 서버로 나뉜다. 클라이언트와 서버는 바로 이해하기 어려운 개념이다. 스마트폰을 클라이언트라고 생각하자. 우리는 스마트폰을 매개체로 온라인 서비스를 이용한다. 내가 이용하는 서비스의 서버에 있는 데이터를 가져와서 출력하거나 활용하는 식이다. 조금 더 쉽게 이해하려면 인터넷 없이도 작동되면 클라이언트, 인터넷이 있어야 작동되면 서버라고 생각하면 된다. 온라인이 주류가 되면서 서버의 비중이 점점 높아지고 있다. 서버팀은 개발팀에서 파워도 가장 세다. 서버팀에서 안 된다고 하면 안 되는 거다. 게임 제작은 관습상 기획, 아트, 프로그램으로 구분할 수 있지만, 실제 게임 회사에선 기획, 아트, 클라이언트, 서버, 이렇게 네 팀이 존재한다. 각 파트별로 하는 일을 간단하게 설명하면 아래와 같다.

1. 기획
- 게임 시나리오 기획자: 게임의 세계관과 스토리 창작
- 퀘스트 기획자: 게임의 스토리를 바탕으로 퀘스트 제작
- 콘텐츠 기획자: 게임 내 콘텐츠 제작(즐길 거리)

- 시스템 기획자: 게임 구성에 필요한 각종 규칙, 공식 설계
- 전투 기획자: 스킬, AI와 같은 전투 관련 요소 기획
- 밸런스 기획자: 전투, 경제, 성장 관련 밸런스 담당
- 레벨 기획자: 플레이 공간 기획(필드와 같은)
- UI/UX 기획자: UI, 인터페이스 구조 설계

기획 직군은 지금까지 계속해서 세분되어 왔다. UI/UX 기획자는 모바일 게임이 주류가 되면서 나타난 새로운 직군이다.

2. 아트

- 원화(캐릭터, 배경): 게임에 필요한 원화 작업
- 모델러(캐릭터, 배경): 원화를 바탕으로 3D로 모델링 작업
- 애니메이터: 캐릭터의 애니메이션 작업
- 이펙터: 이펙트 제작 및 연출 담당
- UI/UX 디자이너: UI, 인터페이스 디자인
- 테크니컬 아티스트: 시각적인 완성도와 개발 효율을 높이는 것을 목적으로 함(아트와 프로그램 사이의 커뮤니케이션을 주로 담당)

아트는 직군에 따라 하는 일의 차이가 크다. 예를 들어 캐릭터와 배경으로 나뉘는 원화의 경우, 처음 일을 시작한 쪽의 일을 계속할 확률이 높다. 캐릭터와 배경은 같은 원화지만 요구하는 능력이 달라서 이직하면 다른 작업의 경력 인정이 되지 않는다. 테크니컬 아티스트는 3D 게임 제작의 업무 효율을 위해 등장한 새로운 직군인데, 아트와 프로그래밍 지식 모두 요구된다.

3. 프로그램

- 클라이언트 파트
- 서버 파트

프로그램은 클라이언트와 서버로 나뉜다. 기획이나 아트처럼 세분되어 있지는 않다. 맡게 되는 업무에 따라 그 역할이 달라진다. 구현할 시스템 단위로 일을 나누는 편이다.

4. 그 외

- 사운드: 게임에 등장하는 사운드 담당
- 영상 연출: 컷신cutscene과 같은 영상 연출을 담당

큰 회사의 경우 사운드팀을 따로 두는데, 엔씨소프트는 녹음실까지 회사 내에 있을 정도다. 반면 작은 회사들의 경우 외주로 해결하는 편이다. 사운드와 마찬가지로 큰 회사는 영상 연출팀을 따로 두기도 한다.

누가 게임 개발자인가

업계에서 논란이 되는 용어 중 하나가 게임 개발자다. 보통 언론에서 말하는 개발자는 프로그래머만을 의미한다. 이 기준대로라면 게임 기획자는 개발자가 아닌 셈이다. 기분이 나쁠 수밖에 없는 건 그동안 내가 해온 일을 부정당하는 느낌이 들어서다. 이런 식으로 용어가 잘못 사용되는 대표적인 예는 '게임 크리에이터'다. 게임 크리에이터는 말 그대로 '게임을 만드는 사람'의 의미인데 원래 게임 디렉터 급의 창작자를 지칭하는 용어였다. 그런데 언제부터인지 게임을 소재로 방송하는 사람조차 게임 크리에이터라 부르고 있다. 크리에이터의 뜻을 국내에서 지나치게 자의적으로 사용하고 있는 셈이다. 대표적인 콩글리시인 언택트untact는 스펠링이라도 구분되지만, 게임 크리에이터는 같은 단어의 쓰임이 전혀 다르다. 오렌지가 들어와서 탱자가 된 수준이다.

개발이라는 용어는 큰 개념이다. 그 아래에 있는 것이 기획, 아트, 프로그램이다. 따라서 개발자를 프로그래머에 국한해서 사용하려면 문제가 생길 수밖에 없다. 정확하게 지칭하려면 프로그래머나 엔지니어로 불러야 한다. 내가 이런 용어의 사용에 민감한 건 일종의 직업병 때문이다. 게임에 등장하는 것들의 이름을 짓는 '네이밍' 작업을 꽤 많이 하기 때문이다.

조금 더 나아간다면 기획, 아트, 프로그램이라는 직군 구분도 애매하다. 기획은 한자, 아트와 프로그램은 영어라 통일성이 떨어진다. 이런 경우에는 영어를 그대로 써서 게임 디자인, 아트, 프로그램(혹은 엔지니어)으로 구분하는 것이 낫다. 프로그래머보다는 엔지니어라는 용어가 더 적합하지 않을까 생각한다. 그렇게 게임 개발팀을 엔지니어(클라이언트, 서버)와 비엔지니어(게임 디자인, 아트) 정도로 구분하는 게 좋다고 본다(이 책에선 처음부터 프로그래머라고 써왔기에 그냥 프로그래머라고 쓰려 한다).

프로그래머만을 개발자로 한정한다면 〈마리오〉, 〈젤

다)의 아버지이자 게임의 신인 미야모토 시게루 역시 비 개발자가 된다. 현재 개발자라는 용어가 얼마나 잘못 사용되고 있는지 보여주는 예시다.

창의적인 게임은
이래서 안 나옵니다
(LOADING)

게임 기획자가 항상 듣는 비난 중 하나가 창의적인 게임을 만들지 못한다는 것이다. 게임 관련 기사나 게시판에 자주 등장하는 단골 멘트다. 내가 게임 기획자로 일하고 있어서 그런지 몰라도 왠지 나를 욕하는 것 같은 그런 기분이 든다(물론 기분 탓일 게다). 이런 비판은 일부는 맞는 말이지만 억울한 측면이 없지는 않다. 그래서 약간의 비겁한 변명을 해볼까 한다.

게임이라고 하면 다 같은 게임 같지만 콘솔 게임과 온라인 게임의 차이는 아주 크다. 콘솔 게임이 '작품'이라면,

온라인 게임은 일종의 '서비스'다. 작품과 서비스. 둘 사이의 차이는 상당히 크다. 창의적인 게임이 나올 확률이 높은 건 역시나 콘솔 게임이다. 콘솔 게임으로 수익을 내려면 게임을 잘 만들어야 한다. 반면 온라인 게임은 부분 유료화라는 아주 강력한 BM(비즈니스 모델)이 존재한다. 기획 단계에서 성장 요소를 잘 버무리기만 해도 상상할 수 없을 정도의 수익이 난다. 잠깐이지만 리니지M의 경우 일 매출이 130억에 육박한 적도 있었다. 게임 업계에 종사하는 나조차 이런 기사를 보면 놀라곤 한다. 게임의 완성도와 수익이 완전히 비례하는 것이 아니어서 평가가 좋지 않더라도 수익을 내는 게임도 많다. 무엇보다 국내 게임 회사들은 이런 노하우가 충분해서 만들던 대로 만들어도 수익이 난다. 최근에 사업팀의 영향력이 커지는 건 지표 분석을 통해 정교하게 설계한 BM으로 많은 수익을 낼 수 있게 하기 때문이다. 돈을 버는 방법을 알고 있기 때문에 창의적인 게임을 만들기 위해 모험을 할 필요가 없다. 특히 작은 회사라면 모험보다는 안전을 선택하는 것이 좋은 전략일 수 있다. 일단은 캐시카우(확실한 돈벌이가 되는 상품이나 사업)가 될만한 게임을 먼저 만들어야 한다.

결정적으로 '창의적인 게임 = 재미있는 게임'이라는 공식이 성립하지 않는다. 창의적인 건 창의적인 거고 게임의 재미는 또 별개다. 매출도 마찬가지다. 창의적이고 재미있는 게임이라도 매출이 안 나오면 상업적인 측면에선 실패한 게임이다. 시간이 흘러 뒤늦게 명작이니 뭐니 재평가를 받아 봤자 당시에 수익이 나지 않았다면 그 게임을 만든 회사는 이미 망해 있을 확률이 높다. 게이머들은 의외로 익숙한 것을 좋아해서 너무 큰 변화는 바로 받아들이지 않는다. 강화를 욕하지만 강화가 사라졌을 때 가장 먼저 욕하는 것도 게이머다. 강화의 부작용도 있지만 강화만큼 직관적이고 플레이 타임을 확보할 수 있는 콘텐츠도 드물다. 게임을 만드는 입장에서나 즐기는 입장에서도 강화는 나쁘지 않은 선택이다. 〈스트리트 파이터〉의 디렉터로 유명한 오카모토 요시키는 기존과 같은 95%를 바탕으로 나머지 5%의 독창성을 더해 게임을 만든다고 했다. 진리라고 하긴 뭐하지만 대부분의 게임은 위에서 말한 기준으로 만들어지는 편이다. 인디 게임이 아닌 이상 대부분의 회사는 기존과 똑같은 95%를 유지하지 않을까 싶다.

애증의
확률
(LOADING)

가장 인기 있는 장르인 RPG에는 '모험'이라는 테마가 존재하지만, 실제 게이머들이 추구하는 건 '성장'이다. 전투로 아이템을 획득하고 그 아이템으로 강해지는 것이 RPG의 핵심 재미 요소다. 특히 모바일이라는 플랫폼에 적응하는 단계에서 RPG의 모습이 많이 달라졌는데, 그 과정에서 성장 요소만 극대화되었다. 숫자놀음이 중요해지는 게임이 되면서 확률은 더 의미있어졌다. 특히 '가챠'라 불리는 뽑기는 항상 말이 많았다. 오랜 논란 끝에 베일에 가려져 있던 확률이 공개되는 순간 게이머들은 경악을

금치 못했다. 예상했던 것보다 확률이 터무니없이 낮았을 뿐 아니라 일부 아이템은 획득 확률이 0%였다. 이건 누가 봐도 명백한 사기다.

확률에 관련해서 빠질 수 없는 건 '컴플리트 가챠'다. 컴플리트 가챠는 세트를 모아야 하는 구조의 가챠다. 확률이 이중으로 적용되긴 하지만 시스템 자체의 문제는 없다. 그러나 아이템 5개를 모아야 한다고 할 때, 게임 회사는 마지막 아이템의 획득 확률을 극악으로 낮춰 확률을 설정한다. 이 사실을 모르는 소비자는 마지막 남은 아이템을 획득하기 위해 많은 돈을 쓰게 된다. 이런 시스템을 오직 수익을 위해서만 활용하는 게임 회사가 문제다. 가챠의 본고장인 일본에서도 컴플리트 가챠는 사라졌다. 그럼에도 회사가 욕을 먹어가면서 이런 BM을 고집하는 이유는 수익이 나기 때문이다. 게임 업계에 종사하고 있지만 나 역시 한 명의 게이머이기 때문에 확률로 장난치는 건 화가 난다. 최근엔 이런 문제들이 계속 수면 위로 떠오르면서 조금씩 나아지고 있기는 하다.

확률은 그 자체로 엄청난 콘텐츠다. 카드 게임인 〈하스스톤〉은 게임의 변수를 만들기 위해 확률을 많이 적용했다. RPG의 메인 콘텐츠라 할 수 있는 파밍(게임에서 아이템을 모아 나가는 행위) 역시 확률에 의한 콘텐츠다. 보스와의 전투에서 어떤 아이템을 획득할 때나 그 아이템을 개봉할 때도 확률이 적용된다. 이중으로 확률이 적용되는 셈인데 이런 도박적인 요소가 아주 특별한 재미로 연결된다. 이건 인간의 본성이다. 내 어린 조카가 킨더 조이 초콜릿을 좋아하는 이유도 원하는 장난감을 뽑을 확률은 낮지만 성공했을 때의 쾌감이 확실하기 때문이다. 게임 회사들이 가챠 위주의 BM에서 벗어나지 못하는 것도 이 때문이다. 일반화할 수는 없겠지만 우리는 어릴 때부터 도박을 좋아했다. 포켓몬 빵의 인기를 오직 포켓몬의 인기 때문이라고만 생각하긴 어렵다. 그 안에 포함된 확률까지 같이 이야기되어야 한다.

확률 하면 빠질 수 없는 건 강화다. 강화는 국내 게임의 대표적인 콘텐츠라 할 수 있다. 욕을 정말 많이 먹지만 좋아하는 사람도 많다는 게 아이러니한 점이다. 강화 재료 1개를 사용하면 50%의 확률로 성공, 강화 재료 2개를 사용하면 100%의 확률로 성공하는 상황이라고 해보자. 게이머는 고민이 아닌 고뇌에 빠진다. 도박을 할 것인가, 안전하게 갈 것인가. 이런 식의 선택에 의한 확률 적용은 게임의 재미를 높여준다. 강화의 단계가 높아지면 성공 확률이 낮아지면서 패널티도 커진다. 강화에 실패한 후에 게임을 접을 정도로 강화 패널티가 큰 게임도 많다. 물론 나는 게임에 목숨을 거는 편이 아니라 이런 시도를 하진 않는다.

예전에 나는 서비스 중인 게임에서 특정 아이템의 획득 확률이 너무 낮다는 피드백을 아이템 담당자에게 전달한 적이 있다. 그리고 나서 담당자로부터 확률을 최고치로 높이겠다는 자신만만한 답변을 들었다. 나중에 업데이트된 확률을 확인하니 1%였다. '겨우 1%?'라고 생각할 수도 있겠지만, 아이템을 획득하기 위한 시도가 반복되는 온라인 게임의 특성상 1%면 꽤나 높은 확률이다. 실제로 확률 조정 이후에 그 아이템을 획득한 게이머가 넘쳐나면서 콘텐츠가 빠르게 소모되었다. 밸런스 기획의 중요성을 새삼 깨닫는 순간이었다.

왜 그 게임을 좋아하는지는
사람마다 달라요

(LOADING)

치밀한 스토리, 번뜩이는 아이디어, 전에 없던 콘셉트 (게임 메커니즘), 기막힌 연출, 황금 밸런스, 매력적인 캐릭터, 빼어난 그래픽 등 게임을 좋아하게 되는 포인트는 다양하다. 게임에 빠져들어 몰입하도록 하는 힘은 기획 요소와 관련이 있겠지만, 게임의 첫인상을 결정하는 건 그래픽이다. 비중 역시 높다. 내가 〈블레이드 앤 소울〉 팀에 지원하게 된 계기는 액션성이 강조된 트레일러 영상 때문이었다. 이때 내가 느낀 시각적인 쾌감은 김형태 아트 디렉터의 역량에서 나왔다고 볼 수 있다. 원화가 3D 게임이 되면 이질감이 있기 마련인데, 〈블레이드 앤 소울〉은 원화의 느낌을 3D에서도 그대로 느낄 수 있었다.

그래픽은 원판이 존재하는 판화라 할 수 있는데 여기서 원판에 해당하는 건 아티스트다. 아티스트가 누구인지에 따라 그래픽의 완성도가 달라진다. 큰 회사일수록 역량이 뛰어난 아티스트를 다수 고용할 수 있다. 이런 맥락에서 '그래픽의 완성도가 높은 게임 = 큰 회사의 게임'이 된다. 예외도 존재하지만 대체로 그렇다. 그래픽의 완성도가 낮은 게임에 손이 가지 않는 건 분명한 사실이다. 그래서 고전 명작이라 불리는 게임들은 요즘 게이머들이 플레이하기 어렵다. 내 스마트폰엔 오래전 즐겼던 고전 명작 게임이 있지만 플레이를 하진 않고 있다. 게임 기획자인 나조차 이럴 정도니 일반 게이머들은 그래픽의 영향을 더 크게 받을 것이다. 그래픽은 투자에 비례하기 때문에 변수가 적은 편에 속한다. 그래픽에 해당하는 시각적인 요소인 캐릭터, 애니메이션, 이펙트, 연출, 컷신 모두 'money의 힘'으로 만들어 낼 수 있다.

그러나 게임의 완성도를 결정하는 건 결국엔 기획적인 요소다. 게임 기획자가 얼마나 많이 고민했는가에 따라 게임의 완성도와 신선도가 달라진다. 스토리 비중이 높은 인디 게임의 경우 시나리오 기획자의 역량이 곧 게임의 완성도다. 이런 게임들은 그래픽이 조금 부족하더라도 꼭 수요가 있기 마련이다. 기획적인 특별함이 인디 게임을 하는 게이머를 만족시켰기 때문이다. 같은 연장선상에서 이야기할 수 있는 건 콘솔 게임과 온라인 게임이다. 같은 게임이지만 둘은 기획적인 방향성이 완전히 달라서 게이머들은 자신의 성향에 맞는 게임을 선택한다. 콘솔 게임이 영화와 같은 하나의 작품이라면 온라인 게임은 서비스다. 이 차이로 인해 과금이나 게임이 추구하는 방향성도 달라진다. 태생이 콘솔 게이머였던 나는 온라인 게임에 적응하기가 쉽진 않았다.

대학 시절 동기들과 같은 영화를 보더라도 관점이 사람마다 너무 달랐다. 촬영 전공이면 촬영과 조명 효과를 위주로 영화를 보고, 편집 전공이면 편집을 어떻게 했는지 위주로 영화를 봤다. 나 같은 연출 전공자는 스토리나 연출, 배우의 연기를 중점적으로 보는 편이었다. 게임도 마찬가지다. 하나의 게임에서도 보는 관점이 다를 뿐만 아니라 만족의 조건도 다르다. 다수가 플레이하는 게임은 있어도 모두가 플레이하는 게임은 없다. 게임 업계에 와

서 놀란 사실 중 하나는 게이머의 취향이었다. 내 기준에
선 절대 플레이하지 않을 게임도 누군가는 재미있게 즐기
고 있었다. 그렇기 때문에 다양한 게임이 나오는 것이 아
닌가 생각한다. 모든 사람의 취향이 같았다면 완벽한 승
자 독식의 산업 구조가 되었을 것이다. 이건 정말 다행스
러운 일이다.

잃어버린 것과
새로 얻은 것
(LOADING)

게임 기획자가 되고서 잃은 것 중에서 가장 큰 건 '게임하는 즐거움'이다. 누군가는 좋아하는 일이 직업이 되어서 그런 것이 아닌가 생각할지도 모르겠다. 실제로 많은 사람이 '좋아하는 걸 직업으로 삼지 말라'거나 '좋아하는 것과 직업을 분리하라'고 조언한다. 좋아하는 것도 일이 되는 순간 즐기지 못하기 때문이라고 한다. 개인적으로 이 말에 동의하지 않는 건 일도 충분히 즐기면서 할 수 있기 때문이다. 나는 그보다는 좋아하는 것에 대한 이상과 실제 그 일 사이의 괴리 때문에 좋아하던 것도 싫어지는 게 아닐까 싶다. 가장 빛나는 면만 보고 시작했다가 어두운 면을 보거나 경험한다면 좋아하는 것에 대한 인식도 달라지기 마련이다. 밖에서 봤을 때는 잘 보이지 않다가 일을 해봐야만 알 수 있는 것들이 분명 존재한다. 게임 기획자도 마찬가지다. 게임 기획자가 되어서 데이터 작업을 하루 종일 하게 될 것이라는 사실을 게임 기획자 지망생 시절의 나는 결코 알지 못했다. 다행이라면 무덤덤한 성격 탓에 내가 모르고 있던 현실과 마주치고도 크게 놀라거나 실망하지 않았다는 것이다.

내가 게임하는 즐거움을 잃어버린 이유는 순전히 직업병 때문이다. 게임을 하면 나도 모르게 시스템을 살피고 기획자의 의도를 고민할 뿐만 아니라 구현 방법까지 생각하게 된다. 신입 게임 기획자는 그 경계에 있는 사람일 것이다. 몰입해서 게임을 할 때도 있지만 언제나 게임에만 집중하지는 못한다. 연극에서 말하는 '소격효과'가 게임 기획자에게 계속해서 일어나는 셈이다. 소격효과는 몰입하지 않는 것을 목적으로 하는데, 그래야만 비판적인 자세로 볼 수 있다는 연극 이론이다. 나를 비롯한 많은 게임 기획자가 순수하게 게임을 즐기지 못하는 편이다. 게임 개발자 커뮤니티에서도 게임 불감증에 걸렸다는 글이 드물지 않게 올라오는데 여기서 게임 기획자의 비율이 상대적으로 많은 것도 이 때문이다. 언제부터인지는 나는 게임을 콘텐츠가 아닌 분석의 대상으로 보고 있었다. 게임을 게임으로만 즐길 수 없다는 사실을 깨닫는 순간 크나큰 상실감을 느꼈다. 게임은 더 이상 내가 알던 게임이 아니게 되었다.

게임 기획자의 게임법

업계 트렌드를 따라가기 위해서 꾸준히 게임을 하는 일은 무척 중요하다. 내가 수집형 RPG나 MMORPG를 주기적으로 하는 건 재미를 위해서라기보다는 게임 기획자로서의 의무감 때문이다. 조금 거창하게 말하면 R&D(연구개발)다. 게임이 어떻게 구현되었는지, 장점과 단점이 무엇인지와 같은 생각을 끊임없이 하게 된다. 게임을 하고 노는 것처럼 보이지만 실제론 분석에 가깝다.

게임 기획자가 게임을 하면서 어떤 생각을 하는지 구체적인 예를 들어볼까 한다. 넷마블에서 2022년에 출시

한 MMORPG 〈제2의 나라〉에는 '몽환의 미궁'이라는 콘텐츠가 있다. '몽환의 미궁'은 스테이지를 클리어하면 재화를 획득할 수 있는 콘텐츠다. 추가로 '50초 이내에 클리어'와 같은 미션이 걸려 있다. 그중 하나가 '기본 공격만 사용해서 클리어하기'다. 그런데 기본 공격만 사용했는데도 미션에 실패하는 상황이 발생했다. 왜 실패를 했는지 원인을 파악하기 위해 다시 천천히 플레이를 해보니 위급한 상황에서 구르기를 하는 순간 미션 완료 조건을 충족하지 못한 것으로 처리되었다. 해석하자면 구르기가 스킬로 구현되었다는 의미다. 보통 구르기를 스킬로 인식하지 않는 사람이 대부분이어서 게이머 입장에선 당황스러울 수 있다. 스킬 구성을 별도로 할 수 있는 메뉴도 있지만 거기에도 구르기는 없다.

'구르기를 해도 미션이 실패하지 않도록 예외 처리를 해주거나 텍스트로 설명해 주어야 하지 않았을까?' 게임을 할 때면 문득 이렇게 게이머라면 절대로 하지 않을 생각을 하곤 한다.

게임을 만드는 즐거움

'게임하는 즐거움'을 잃은 대신 얻은 건 '게임을 만드는 즐거움'이다. 게임을 만드는 것도 결국엔 일이다 보니 이해가 안 되는 사람도 분명 있을 것이다. 하지만 게임을 하는 것에서 게임을 만드는 것으로 몰입의 대상이 달라졌을 뿐이다. 일을 처음 배우던 주니어 시절엔 출근이 기다려지고 퇴근이 싫어질 정도였다. 새벽까지 야근을 하거나 밤을 새우더라도 전혀 피곤하지 않았다. 〈블레이드 앤 소울〉팀에서 일했던 몇 년은 내 인생에 가장 바빴던 시기였는데, 그때는 하루에 겨우 두세 시간을 자면서 몇 개월을 일하기도 했다. 개발에 참여한 인원을 n분의 1로 계산하면 나의 지분은 1%도 안 되지만 나의 생명력을 갈아서 만든 게임이었다고 분명히 말할 수 있다. 그 시기를 버틸 수 있었던 건 게임이라는 결과물이 탄생하는 모습을 지켜볼 수 있었고, 그 과정에 내가 있다는 사실이 나를 흥분시켰기 때문이다. 힘들었지만 그 이상으로 정말 좋았다. 게임을 하는 것보다 만드는 게 더 즐거워진다면 그때가 진정한 게임 개발자가 되는 순간이 아닌가 생각한다.

게임에 대해 많이 알게 된 지금의 나는 순수하게 게이

머로서 게임을 즐겼던 학창 시절의 나로는 돌아갈 수 없다. 하지만 그 대신 얻게 된 게임을 만드는 즐거움은 게임하는 즐거움보다 절대 작지 않다.

애니메이션 〈강철의 연금술사〉의 세계관을 관통하는 법칙은 '등가교환'이다. 현실도 크게 다르지 않다. 뭔가를 얻기 위해선 뭔가를 내주어야 하고, 많이 잃은 것 같아도 얻는 게 분명 있다. 등가교환은 진리가 분명하다.

인간계 게임 기획자와
천상계 게이머

LOADING

〈블레이드 앤 소울〉의 신규 업데이트를 마친 후였다. 일이 모두 끝났기에 나를 비롯한 콘텐츠 파트의 동료들은 게임 방송을 통해 게이머들이 게임하는 걸 지켜보고 있었다. 당시 담당자는 업데이트된 레이드 던전을 공략하기까지 며칠은 걸릴 것으로 예상했다. 그런데 게이머들은 업데이트가 진행된 지 몇 시간도 채 걸리지 않아 던전을 클리어해 버렸다. 웃고 있던 레이드 담당자의 굳어지는 표정을 실시간으로 볼 수 있었다. 콘텐츠를 업데이트하기 위해 해당 게임 기획자들은 아이템까지 세팅해서 수많은 시간을 플레이한다. 게임 기획자뿐만 아니라 다른 파트의 작업자들도 참여해서 콘텐츠를 검증한다. 아이템은 물론 공략법까지 아는 상태다. 그런데도 게임을 접한 지 채몇 시간도 되지 않은 게이머의 실력이 월등했다. 정말이지 신기한 일이 아닐 수 없었다. 뭐랄까, 약간 자존심이 상하기도 했다. 게이머보다 게임을 못 한다는 사실이 선뜻받아들여지지 않았다. 의문도 생겼다. 게이머들의 수준이 이렇게 높은 이유는 뭘까?

그러다 프로 게이머의 전성기가 10대 후반에서 20대초반이라는 기사를 우연히 읽고서 게임 기획자보다 게이머들이 게임을 더 잘하는 이유를 알게 되었다. 처음부터게이머니 기획자니 하는 구분은 의미가 없었다. 내가 게임을 못 하는 게 아니라 그냥 나이가 많은 거였다. 당시 내가 서른 초반이었는데 프로 게이머로 치면 은퇴하고도 10년은 지났을 나이였다. 게임 해설을 하거나 방송을 해야할 연령이었다. 게임 기획자는 아무리 어려도 대학을 졸업하고 취업하면 최소한 20대 중반이니 게이머보다 게임을 절대 잘할 수가 없다는 사실을 뒤늦게 깨달았다. 오랫동안 내가 가진 의문 중 하나가 풀리는 순간이었다. 그냥나이가 깡패였다.

기획자를 능가하는 게이머의 열정

국내 게임 중에서 돈을 가장 잘 버는 장르는 MMORPG 다. 고상하게 표현하자면 상업성이 높은 장르다. 그래서 많은 회사에서 MMORPG를 만들거나 수입해서 서비스한 다. 이 장르의 특징은 시간과 돈이 있어야만 게임을 제대 로 즐길 수 있다는 점이다. 시간과 돈은 현대 사회에서 가 장 가치 있는 재화라 나와 같은 한낱 게임 기획자가 무한 정 퍼붓기는 어렵다. 게임마다 다르겠지만 하루에 최소 2시간 정도는 투자해야 다른 플레이어의 성장 속도를 따 라갈 수 있다. 과금도 마찬가지여서 한 달에 최소 몇십만 원 단위로 꾸준히 지를 필요가 있다. 둘 중 하나라도 게을 리하면 경쟁에서 뒤처지고 만다. MMORPG는 특히나 하 드코어한 장르여서 게임을 만든 게임 기획자도 즐기지 못 하는 콘텐츠가 존재한다. 비유하자면 내가 빵을 만들었지 만 비싸서 못 사 먹는 그런 상황이랄까.

이런 이유로 MMORPG 제작팀에서 선호하는 인재상 중 하나가 '헤비 과금러'다. 만약 MMORPG 게임 기획자로 지원하는데, 길드 콘텐츠를 잘 알고 (상위 길드의) 길드 마 스터까지 했다면 베스트 오브 베스트다. 몇천 단위를 과금한 게이머가 채용되었다는 풍문을 들은 적도 있다. 나는 일을 쉬고 있던 시기에 작정하고 MMORPG를 해본 적이 있다. 어쩌다 게임 초기에 무과금으로 플레이하는 한 게이머를 알게 되었다. 당시의 나는 어느 정도 과금을 하고 있었기에 시간이 지날수록 전투력의 격차가 벌어질 것으로 생각했다. 예상과 달리 그 게이머의 전투력을 전혀 압도하지 못했다. 항상 비슷하거나 내가 조금 높은 수준에 계속 머물렀다. 게임에 접속하면 항상 있어서 24시간 게임만 한다는 느낌까지 받을 정도였다. 그 게이머는 누구보다 그 게임에 진심으로 플레이를 했을 것이다. 게임에 대한 열정의 차이는 생각보다 컸다. 게임 기획자는 게이머를 절대 넘어설 수 없다. 둘 사이엔 엄청난 격차가 존재한다. 초격자. 가장 어울리는 말이다.

게시판, 간담회, 파티 플레이로 소통합니다

LOADING

게이머와 소통이라 하면 크게는 게이머 간담회가 있다. 간담회에서 반성하는 내용이 많은 걸 봐서는 게임 회사가 저지른 실수를 만회하기 위한 필살기처럼 활용된다. 이것마저 안 통하면 답이 없다는 그런 느낌이랄까. 이는 아주 직접적인 형태의 소통이다. 효과는 아주 좋지만 비용 때문에 작은 회사는 섣불리 시도하기는 어렵다. 큰 회사라고 해도 자주 하는 것은 아니어서 나 역시 아직 경험하진 못했다.

이런 특별한 이벤트를 제외한다면 소소하게는 게시판

을 통해서 게이머들의 생각을 확인하는 것도 소통이라고 할 수 있다. 얼핏 생각하면 일방적인 것 같지만 소통이라고 부를 수 있는 이유는 이들의 의견이 실제 게임에 반영되기 때문이다. 게이머는 별생각 없이 쓴 글이겠지만 게임 기획자는 꽤 의식을 많이 한다. 테스트 도중 미처 확인하지 못한 버그를 게시판을 통해 알게 되어 수정하는 일은 아주 빈번하게 일어난다. 긴급 업데이트가 게이머의 글에서 시작할 때도 있다.

나는 콘텐츠가 업데이트될 때마다 게시판을 뒤지면서 게이머의 피드백을 살피곤 했다. 그 과정에서 어떤 콘텐츠를 만들어야 할지에 대한 나름의 기준을 잡아나갔다. 게이머는 대체로 옳다. '언제나'가 아닌 '대체로'인 이유는 목소리만 큰 게이머도 분명 존재하기 때문이다. 그럼에도 소비자의 직접적인 피드백은 게임 기획자가 성장하기 위한 최고의 자양분이 된다. 〈블레이드 앤 소울〉은 그 시대를 대표하는 MMORPG였고 여러 매체의 게시판을 통해 게이머들의 생각을 확인할 수 있었다. 사소해 보여도 효율성 좋은 가성비 최고의 소통법이다.

직접 게임을 하면서 게이머의 반응을 살피는 것도 소

통 방법 중의 하나다. 그걸 실시간으로 할 수 있다는 점은 정말 특별하다. 창작자와 소비자가 실시간으로 동시에 즐기는 게 가능한 콘텐츠는 온라인 게임이 거의 유일하지 않을까 싶다. 게임을 하면 게이머의 생각을 바로 알 수 있을 뿐만 아니라 직접 대화도 나눌 수 있다. 창작자와 소비자의 관계 설정이 기존 콘텐츠와는 완전히 다르다. 이때 기획자 입장에서는 게임을 한다기보다 게이머를 관찰한다고 보는 게 더 맞다. 게이머들은 모르겠지만 함께 파티 플레이를 하는 누군가가 게임 기획자일 수도 있다. 다들 귀가 닳도록 소통을 강조하지만 이보다 확실한 소통은 없다. 게이머들이 즐거워하는 모습을 본다면 자식도 없는 나지만 아빠 미소가 절로 나온다. 때때론 온몸에서 전율이 느껴진다. 그러다 감정이 격해지면 '내가 이걸 만든 사람입니다!'라고 자랑하고 싶은 생각이 턱밑까지 차오르기도 한다. 당연하지만 자제해야만 한다. 게임 기획자는 완전한 게이머로 참여한다고 보기는 어렵다.

언젠가 게이머의 감성을 느끼기 위해 무과금으로 플레이한다던 PD가 사실은 상위 길드에서 활동하던 랭커라는 사실이 밝혀지면서 논란이 된 적이 있다. 무과금이라고 속인 건 넘어갈 수 있다고 생각한다. 그러나 게임에 대해 월등하게 아는 것이 많은 게임 개발자가 민감할 수 있는 경쟁 콘텐츠에 참여하는 건 게이머 입장에선 반칙이다. 시작은 게이머와 소통을 하겠다는 좋은 취지였을지 모르나 선을 넘고 말았다. 게임 개발자라면 자신이 참여하고 있는 게임의 정보로 이득을 취해서는 안 된다.

MMORPG를 하던 중에 파티원과 게임에 대한 이야기를 길게 한 적이 있었는데, 〈블레이드 앤 소울〉이 인생 게임이라고 했다. 너무나 반가워서 내가 그 게임 제작에 참여했다고 이야기하려던 순간 파티가 해체되었다. 그때 게임 기획자임을 밝히고 게임을 하면 어떨까 하는 생각을 했다. ID를 '전직 게임 기획자'나 '현직 게임 기획자'로 한다면 호기심 많은 게이머 한 명쯤은 말을 걸어오지 않을까? 게이머로서 이야기하는 것과 게임 기획자로 이야기하는 것은 분명 다를 것이다. 성사된다면 진정한 의미의 소통이 되지 않을까 하는 막연한 기대를 해본다.

게임을 만드는 건
사람입니다
LOADING

혼자 게임을 만든다고 할 때, 필요한 건 컴퓨터가 전부다. 물론 이 컴퓨터에는 게임 제작에 필요한 각종 프로그램이 설치되어 있어야 한다. 이 역시 제작비에 포함된다. 게임을 만드는 데에는 재료비가 따로 들지 않으므로 게임 제작비 대부분은 인건비라 할 수 있다. 회사에서 게임을 만들어도 마찬가지다. 게임 제작을 위해 필요한 인원이 100명이라면 그들의 인건비가 모두 제작비로 책정되며 차지하는 비중도 가장 높다.

재미있는 건 회식비다. 한 달에 회식을 아무리 많이 해봤자 한두 번에 불과해서 제작비에서 차지하는 비중은 극히 낮다. 그런데도 출시한 게임의 완성도가 낮다면 제작비를 회식하는 데 다 썼냐며 욕을 먹기 일쑤다. 게임을 제대로 못 만들었다는 비아냥이다. 당연하지만 실패하는 게임을 만들고 싶어 하는 게임 개발자는 아무도 없다. 게임 제작에 실패하는 원인은 여러 가지가 있겠지만 가장 결정적인 원인은 결국 사람 아닐까 한다.

협업, 그 험난한 길

게임 제작비에서 인건비가 가장 높다는 걸 내 식으로 해석하자면 결국 게임을 만드는 건 사람이라는 의미다. 최근에 프로그래머의 몸값이 오르면서 옆에 있던 게임 기획자의 몸값도 덩달아 같이 올랐다. 예전보다는 사람의 가치가 높아진 건 분명하다. 이런 변화는 사람의 중요성에 대해 회사도 생각하게 되었다는 점에서 대단히 의미가 깊다.

게임 개발의 필수인 협업은 단어는 좋지만 실천하기는 정말 어렵다. 회사, 포지션과 상관없이 모든 채용 공고에 반드시 빠지지 않는 것도 커뮤니케이션 능력이다. 능력이 아무리 뛰어나도 협업이 불가능하다면 게임 개발에 큰 도움이 되지 않는다. 축구 선수 메시의 천문학적인 몸값은 팀플레이가 될 때를 전제로 한다. 내가 내 일을 해야만 다른 누군가도 자기 일을 할 수 있다. 기계가 움직이는 데 수많은 부품이 필요한 것과 마찬가지다. 하나라도 문제가 생기면 제대로 작동하지 않는다.

협업이 어려운 이유는 세상엔 이상한 사람이 많고, 이상하리만큼 그들이 내 주변에 모여드는 신기한 현상 때문이다. 업계의 수많은 사람이 원인을 알고 싶어 하지만 아직 밝혀지지 않았다. 사람이 모인다는 건 그로 인한 문제가 발생할 수도 있다는 의미다. 따로 보면 아무런 문제가 없는 두 사람도 그 둘만 놓고 보면 불과 기름일 수 있다. 물과 기름은 따로 놀기라도 하지 불과 기름이 만나면 큰 사달이 난다. 게임 기획자는 어떤 상황에서도 불과 기름이 만나지 않도록, 혹시 만나더라도 스스로 소화기가 되어 진화하는 조율사가 되어야 한다. 다른 파트라면 불편한 부분을 회피할 수도 있겠지만 게임 기획자는 그럴 수 있는 위치가 아니다. 게임 기획자가 회피하는 순간 일은 진행되지 않는다. 일이 힘든 게 아니라 사람 때문에 힘든 상황이 빈번하게 일어난다.

그럼에도 협업이 잘 이루어진다면 시너지는 확실하다. 누군가가 슬쩍 던진 한마디의 아이디어가 기대 이상의 성과로 이어지기도 한다. 한번은 이런 일도 있었다. 〈블레이드 앤 소울〉 오프닝 컷신에서는 주인공의 사형들이 죽는 장면이 나온다. 그런데 누군가의 실수로 사형 중 한 명인 '화중'이 죽는 장면이 빠졌다. 원래라면 다 죽어야 하는 사형이 죽지 않은 건 문제였지만 사실 이런 건 보통 넘어가는 편이다. 그러다 직업 퀘스트를 제작하기로 했는데, 구성을 어떻게 할지 고민하고 있었다. 그때 화중이 죽는 장면이 컷신에 등장하지 않았다는 사실을 누군가 짚어주었다. 여기에 착안해서 실수였지만 공식적으론 죽지 않은 화중이 메인이 되었다. 이게 신의 한 수가 되면서 직업 퀘스트는 엄청난 호응을 얻을 수 있었다. 오래전 일이라 그 사실을 짚어준 게 누구인지는 생각나진 않지만, 내가 아닌 건 확실하다. 어쨌든 공동 창작이라는 형태가 아니었다면 절대 불가능했을 일이다. 나는 다수의 생각이 합쳐져서 특별한 뭔가가 만들어지는 이 느낌을 격하게 좋아한다. 그 쾌감이 확실할 뿐만 아니라 중독성도 있다. 내가 이 일을 사랑할 수밖에 없는 이유다.

망하거나,
출시도 못 하거나

[LOADING]

게임 회사가 만든 게임은 대부분 망한다. 간단한 이니셜이 붙은 수많은 프로젝트가 존재했다가 사라진다. 이 중에서 출시까지 이어지는 게임은 극소수에 불과하다. 큰 회사도 예외는 아니다. 가장 큰 게임 회사인 넥슨에서 서비스 중인 게임을 살펴보면 대부분 옛날 게임이라는 것을 알 수 있다. 옛날엔 그만큼 경쟁이 심하지 않았고 그때 고정 팬을 확보한 게임이 지금까지 살아남을 수 있었다고 추측할 수 있다. 게임 출시에 대한 입장도 회사 규모에 따라 차이가 있다. 출시하더라도 마케팅이나 서버 등에 추가적인 비용이 들기 때문에 큰 회사는 아닌 것 같으면 쉽게 포기한다. 요즘엔 마케팅 비용이 계속 오르는 추세라 더 큰 손해를 보지 않기 위해서 이런 결정을 한다. 큰 회사는 사내 정치라는 역학 관계도 크게 작용하기 때문에 내부 허들도 높다. 그러다 보니 엔씨소프트에선 출시에 성공하면 비싼 뷔페에 가는 전통(?)이 있다고 한다. 이건 동료에게 들은 이야기라 확실한 건 아니다. 만약 사실이라면 회사 근처에 마침 뷔페가 있어서 좋은 일이 있을 때마다 가다가 관습처럼 굳어진 게 아닌가 추측할 뿐이다(다행히 나도 한 번은 가봤다).

작은 회사의 가장 큰 불안 요소는 자금 부족이다. 작은 회사에서 일하는 게임 개발자의 연봉은 상대적으로 낮다. 연봉과 능력은 대체로 비례하는 편이라 게임의 완성도에도 영향을 미친다. 게임 개발은 판타지 세계가 아니어서 노력이니 열정이니 뭐니 하는 건 중요하지 않다. 신입 기획자가 8시간에 걸쳐 작업한 문서보다 경력자가 1시간 동안 대충 만든 문서의 완성도가 더 높은 것이 사실이다. 어떤 사람을 채용하는지가 바로 게임의 완성도와 직결된다. 작은 회사가 자금이 부족하면 국가 지원 사업을 하게 된다. 그 자체로 나쁠 건 없지만, 그 조건을 만족하기 위한 준비를 별도로 해야 한다는 점에서 순수한 게임 개발과 멀어지기 쉽다. 또 여기에 의존하다 보면 게임의 정체성이 모호해지곤 한다. VR/AR(가상현실/증강현실) 회사를 피하라고 하는 이유는 국가 지원 사업으로 연명하는 곳이 많아서다. 일부에선 VR/AR 자체가 문제인 것처럼 이야기하는데 그냥 회사의 문제다. VR/AR 게임으로도 수익이 나는 회사는 존재한다.

최악의 상황은 월급이 밀리는 거다. 월급이 밀리면 사기가 저하될 뿐만 아니라 퇴사자도 발생한다. 이런 상황에서 게임 개발이 제대로 진행될 리 없다. 월급이 밀리는 순간 그 프로젝트는 거의 끝났다고 보면 된다.

언젠가 프로젝트를 시작한 지 2년을 바라보고 있는 팀에 합류한 적이 있었다. 회사에 출근해 보니 진행 상황이 입사 전에 들은 것과는 전혀 달랐다. 기반 작업은 전무했으며 시연을 위한 일부분만 구현되어 있었다. 놀랍게도 전투 공식이 더하기 빼기의 2칙 연산이었다. 다른 리소스의 양이나 질 모두 한참 부족했다. 결정적으로 이곳은 정치꾼들의 집합소였다. 팀장의 지인들이 파트장 자리를 꿰차고 있었다. 일을 잘하면 다행이지만 그들의 역량도 뛰어난 편이 아니라 일의 진행이 제대로 되지 않았다. 당시에 신입이었던 배경 원화가가 퇴사를 했는데 이유는 사소한 것 하나하나까지 꼬투리를 잡는 아트 디렉터의 마이크로 매니징 때문이었다. 그는 원화 경험이 없는 UI 출신의 낙하산이라 아트 디렉터가 되기에는 한참 부족한 사람이었다. 자신도 스스로가 부족한 걸 알아서 경력자에겐 아무 말도 못 하면서 신입에게 지적하는 것으로 자기 자존감을 높였다. 그 팀엔 이 아트 디렉터처럼 없는 게 나은 사람들이 많았다. 이런 정치꾼은 무능력자의 다른 표현이다. 무능력자가 많은 팀은 주변에 악영향을 끼치기 때문에 절대로 게임을 출시할 수 없다. 난 운이 좋아서 딱 한 번 경험했지만 얘기를 들어보면 생각보다 이런 곳이 많다.

　게임을 출시하지 못하는 또 다른 이유는 일정 관리의 실패다. 내가 참여한 프로젝트 전부 입사 당시에 계획되어 있던 일정을 넘겼다. 일정이 연기되는 가장 큰 이유는 결정권자가 게임의 방향성을 제대로 제시하지 못해서다. 이러면 게임은 산으로 간다. 어떤 게임을 만들고 있는지 본인 스스로도 모르기 때문에 트렌드를 반영한다는 명목하에 이상한 것들이 자꾸 추가된다. 일정은 하염없이 늘어난다. 작업자들은 열심히 일하지만 플레이를 해봐도 뭐가 달라졌는지는 아무도 모른다. 일정이 미뤄지면서 그래픽의 완성도는 상대적으로 떨어진다. 그 이유로 재작업이라도 한다면 이로 인해 다시 일정이 늦춰진다. 이런 상황을 회사가 가만둘 리 없기에 압박의 강도를 높인다. 결정권자는 다시 이런저런 시도를 한다. 그러면 능력자들이 가장 먼저 퇴사한다. 업계에 소문이 나면서 사람을 구하기가 어려워지고, 진행은 더욱 느려진다. 악순환의 연속이다. 남은 건 프로젝트 드롭이다. 언제 완성될지 가늠이 안 되는 게임은 대부분 출시에 실패한다고 보면 된다.

게임은
추억을 심고
LOADING

게임은 현시대의 놀이다. 정확히는 디지털 놀이다. 아날로그 놀이라고 부를 수 있는 건 〈오징어 게임〉에 나온 추억의 놀이다. 나는 아날로그 놀이에서 디지털 놀이로 전환되는 경계에서 유년 시절을 보냈다. 지금도 아날로그 놀이가 완전히 사라진 것은 아니지만 많이 줄어든 것도 분명한 사실이다. 내가 어릴 적만 하더라도 골목이 있었고, 그 골목엔 함께 놀 아이들이 항상 있었다. 그때는 외동이 드문 시대라 동네 친구가 없어도 형제끼리 잘 놀았다. 경쟁이 심하지도 않아서 학원을 다녀와도 시간이 많았다.

추억의 놀이는 이런 맥락을 가진다. 내가 〈오징어 게임〉의 전 세계적인 흥행에 반가웠던 건 아날로그 놀이에 대한 경험 때문이다. 사실 오징어 게임에 대한 기억은 거의 없다. 해본 것 같기는 한데 확실하진 않다. 내가 어릴 적에 즐겨 했던 건 마야 혹은 진돌이라 불리던 놀이였다. 편을 먹고 상대의 전봇대를 터치해서 점수를 획득하는 놀이였는데, 강한 체력과 빠른 순간 판단력을 요구했다. 일요일에 학교에 가고 싶다는 생각을 하게 한 나의 최애 놀이였다. AR 프로젝트를 진행할 당시에 이 놀이를 모티프로 '우리 동네 RPG(가제)'라는 게임을 기획했을 정도였다(안타깝게도 출시로 이어지진 않았다). 어린 시절을 추억하면 가장 먼저 떠올리는 것도 아날로그 놀이다. 내 인생에 다시 오지 않을 행복했던 순간 중 하나였다.

타인의 추억을 만드는 게임 기획자

2022년 2월, 넥슨의 창업자 김정주 회장님이 별세하시고 게임 개발자 커뮤니티에는 온통 추모글이 올라왔다. 어린 시절의 추억을 만들어주셔서 감사하다는 글이 많았다. 〈바람의 나라〉와 〈메이플 스토리〉를 하면서 어린 시절을 보낸 이들이 지금은 게임을 만들고 있다. 어쩌면 내가 아날로그 놀이에 대해 가지고 있는 감정을 나보다 조금 어린 이들은 온라인 게임에 가지고 있는 게 아닐까? 그러면 추억의 게임을 만들었던 고인을 대하는 태도 역시 나와는 다를 수밖에 없다. 나보다 몇십 배는 더 안타까움을 느끼지 않았을까 싶다.

문득 내가 만든 게임이 누군가에게는 어린 시절의 소중한 추억일지 모른다는 생각이 들었다. 게임은 그냥 게임이 아니었다. 이 시대의 놀이인 게임을 만드는 사람이라면 자부심과 사명감 모두를 가져야 한다. 게임업계에서 일한 지 10년이 훌쩍 지나서야 이런 생각을 하게 된 점이 부끄러울 따름이다.

4부

(PLAY)

생각을 합니다

게임 '기획자'의 탄생

[PLAY]

　게임 기획자 지망생에게 게임 기획자가 되려는 이유를 물으면 '게임이 좋아서'라는 답변이 대부분이다. 나 역시 기획이 어떤 개념이고, 기획자가 하는 일이 무엇인지도 모른 채 게임 기획자를 꿈꿨다. 게임에만 초점을 맞췄고 기획은 그다음이었다.

　게임을 우선순위로 두는 건 게임 기획자라면 어쩌면 당연한 것일지도 모르겠다. 주니어 시절엔 일을 배우느라, 또 일을 하느라 정신이 없었다. 게임 업계에서 주니어에서 시니어가 되기까지 걸리는 시간을 보통 5년으로 잡는다. 내가 기획에 대해 진지하게 고민하게 된 것도 그때쯤이었다.

'기획'이라고 하면 다소 거창해 보인다. 실제로 직업을 밝혔을 때, 나를 보는 눈빛이 달라지는 경험을 여러 번 했다. '어라? 나와는 결이 다른 사람인데?' 이런 느낌의 반응이다. 내가 게임 기획자 중에서도 소수인 게임 시나리오 기획자인 것도 하나의 이유가 되겠지만 사람들은 보통 기획 자체를 특별하게 생각하는 경향이 있다. 생각해 보면 과거의 나도 그랬다. 그러나 막상 기획에 대해 알게 될수록 기획은 생각만큼 특별하진 않았다. 다만 기획의 개념이 상상 이상으로 넓다는 사실을 알게 되었을 뿐이다. 이를테면 카페에서 메뉴를 고르는 것도 개념적으론 기획이다. 내가 어떤 목적 혹은 의도로 메뉴를 선택할지를 정하고, 그것을 구매하는 과정은 틀림없는 기획의 행위다. 기획의 개념이 어려운 것 같지만 이게 전부다. 우리가 살아가면서 하는 많은 행동이 기획적인 사고에 의한 것이다. 그걸 굳이 기획이라 이름 붙이지 않을 뿐이다. 세상에 기획 아닌 것이 없다. 그동안 인지하지 못했지만 우리는 모두 기획자로 살고 있었다.

게임 기획자는 기획이라는 방법론으로 게임을 만드는

사람에 지나지 않는다. 게임 기획자는 모두가 하는 기획의 원리로 게임이란 콘텐츠를 만드는 특별하지 않은 사람이다. '게임' 기획자가 아닌 게임 '기획자'가 되어야 한다. 게임 기획자의 세계는 대체로 게임에만 머물러 있다. 기획자는 그보다 훨씬 큰 존재다. 게임을 만든다 하더라도 생각을 게임에만 한정할 필요는 없다. 이 책 역시 기획의 산물이다.

도전! 한글 퍼즐 만들기

언젠가 게임 잡지에서 일본어를 모티브로 만들어진 퍼즐이 있다는 기사를 읽었다. 그걸 보고 문득 한글로도 퍼즐을 만들 수 있지 않을까 하는 아주 막연한 생각을 했다. 그 순간 내 머릿속에 '한글 퍼즐'이라는 생각이 자리 잡았다. 이 생각은 비록 실천으로 옮기지는 못했지만 줄곧 내 마음 한구석을 차지하고 있었다. 어떻게 게임으로 만들 수 있을지 고민했지만 답을 찾기는 어려웠다.

한글 퍼즐은 몇 년의 시간이 지나는 동안 가끔 생각났지만 여전히 상상으로만 남아 있었다. 그러다 취업을 목표로 게임 아이디어 공모전에 참여하면서 오랫동안 묵혀 두었던 한글 퍼즐 아이디어를 다시 꺼냈다. 처음 아이디어를 떠올렸던 당시와 차이라면 마감이 있고 없고 정도였다. 그 차이는 집중력으로 나타났다. 한글에 관한 책과 인터넷을 뒤지는 과정에서 뇌가 자극됐다. 머릿속은 오직 한글 퍼즐에 관한 생각으로 가득했고, 뭔가 생각이 날 듯 말 듯 괴로운 상황이 끊임없이 반복됐다. 그러다 불현듯 한글의 창제원리를 응용한 퍼즐의 메커니즘이 생각났다. 유레카! 아르키메데스도 나와 같은 심정이었을 거다. 몇 년에 걸쳐 머릿속에서 나를 괴롭히던 오랜 고민거리를 지워낼 수 있었다. 여기서 모든 게 끝이 난다. 다음에 할 일은 구체화된 생각을 정리하는 게 전부다. 아이디어가 구체화되기까지의 시간에 비하면 문서 작업에 드는 시간은 찰나에 불과하다.

게임 아이디어의 구체화에 성공한 건 그때가 처음이었다. 너무나 강렬한 기억이라 지금도 그 느낌을 기억하고 있다. 게임 기획자 지망생에 불과했던 내가 게임 기획자로 거듭나는 순간이었다. 놀랍게도 그때의 사고 과정을 게임 기획자가 된 이후에도 반복하고 있다. 유일하게 다른 점은 나에게 주어진 마감 시간이 짧아졌다는 점이다.

아이디어만 있는 사람은 아마추어, 아이디어를 구체화할 수 있으면 프로다. 그때의 게임 아이디어는 '한글력 향상을 위한 퍼즐, 나랏말싸미'라는 제목을 붙여서 공모전에 출시했고, 상을 받았다. 그 상은 나를 게임 기획자의 길로 이끌어 주었다.

일 잘하는
게임 기획자

(PLAY)

누구도 반박할 수 없는 멋진 기획서를 써내는 능력이 있다면 일을 잘하는 거라고 생각할지도 모르겠다. 게임 기획자, 아니 모든 기획자에 대한 인식은 이상하리만큼 기획서와 연관되어 있다. 나도 일을 시작하기 전에는 그런 줄로만 알았다. 그러나 막상 일해보니 기획서를 쓰는 일이 업무에서 차지하는 비중은 아주 적었다. 맡은 포지션에 따라 하는 일이 달라서 일반화는 어렵지만 주로 하게 되는 일은 데이터 작업이었다. MMORPG처럼 규모가 있는 게임이라면 다루는 데이터의 양은 엄청나다. 팀에 따라선 데이터만 입력하는 게임 기획자도 존재한다. 어쨌든 데이터 작업의 비중이 높을 뿐 아니라 중요하기도 해서 평균 이상의 꼼꼼함이 요구된다. 데이터 중엔 텍스트처럼 사소한 것도 있지만 어떤 데이터는 입력값이 하나만 잘못되어도 서버가 다운되는 문제를 일으키기도 한다. 이런 사고를 쳐본 사람은 안다. 실수에 위축되면서 같은 실수를 또 하게 된다는 것을. 그 모습은 개미지옥에 빠진 개미와 같다. 오류를 발견하고 데이터를 수정하지만 다른 곳에 또 다른 문제가 발생하는 일이 반복된다. 데이터 실수는 없어야 하는 게 기본이어서 잘해봤자 평타, 못하면 욕을 먹는다. 그래도 이것만 잘하면 게임 기획자로서 밥벌이는 할 수 있다.

개발 과정에서 게임 기획자는 조율자의 역할을 잘 수행해야 한다. 그러기 위해 필요한 것이 커뮤니케이션 능력이다. 이건 포트폴리오나 면접으로도 검증이 어렵다. 게임 회사가 지인 채용을 하는 진짜 이유는 문제없는 사람을 뽑기 위함이다. 이때 문제가 없다는 의미는 커뮤니케이션에 문제가 없다는 뜻이다. 협업이 가능한 사람인지가 무엇보다 중요하다. 실제로 잘 굴러가던 팀에 빌런 한 명만 있어도 팀 분위기는 박살 난다. 협업이 어려운 작업자는 역량이 아무리 뛰어나도 시너지가 나지 않는다. 게임 회사의 모든 채용 공고에 커뮤니케이션 능력이 빠지지 않는 건 게임 개발이라는 특수성을 생각하면 당연하다.

게임 기획자의 일하는 스킬

일 잘하는 스킬이 궁금한 사람들을 위해 나만 아는 방법론을 이야기해 보겠다. 특별하지만 의외로 간단한데 바로 '변하지 않는 것과 변해도 되는 것을 구분하는 것'이다.

변하지 않는 것은 방향성이다. 예를 들어 강화 시스템을 기획한다고 해보자. 여기서 기본적으로 가져가야 할 것들은 정해져 있다. 회의를 통해 결정되었거나 아니면 결정권자의 일방적인 생각들. 이런 것들은 변하지 않는다. 변하지 말아야 할 것이 결정되면 그것들을 어떻게 구체화할지는 그 일을 맡은 작업자의 몫이다. 이건 변해도 된다. 각자의 생각이 다른 만큼 다양한 형태로 구체화된다. 게임 기획자의 창의력이 발휘되는 순간이다. 겉으로 보기엔 비슷해 보이는 게임이지만 나름의 차이가 있는 건 이 때문이다.

놀라운 건 이 원리가 스토리 창작에도 적용된다는 점이다. 스토리 창작이 꽤나 복잡할 것 같지만 사실은 두 단계면 충분하다. 어떤 스토리를 만들지 결정하고, 그 스토리를 구체화하는 것. 창작보다 기획이라는 단어가 더 어울리는 것이 스토리다. 게임 시나리오 작가가 게임 시나리오 기획자로 명칭이 바뀐 것도 이런 이유 때문이다. 기획서를 쓸 때도 적용되는 원리다. 어떤 내용으로 쓸지 정해졌다면, 그 내용을 효과적으로 전달할 방법을 고민하면 된다. 이미지나 도식이 많아지고 텍스트가 줄어드는 건 이러한 고민의 결과다.

나는 일의 성격을 고려해서 액티브와 패시브로 구분한다(편의상 액티브 워크와 패시브 워크라고 하자). 게임에서 말하는 액티브 스킬은 플레이어가 직접 조작하는 스킬을 말하고, 패시브 스킬은 특별한 조작이 필요 없는 스킬을 말한다. 마찬가지로 액티브 워크는 아이디어 구상처럼 머리를 쓰는 일이다. 시간을 많이 들여도 결과가 나오지 않는 것이 이런 일의 특징이다. 누군가는 1시간 만에 끝날 일도, 다른 누군가는 10시간이 걸리기도 한다. 이를테면 '여름 시즌 이벤트' 기획 같은 일이다. 이벤트의 콘셉트를 떠올려야만 끝나는 그런 일을 말한다. 결과를 내지 못하면 시간만 허비하면서 일을 한 것도 안 한 것도 아닌 상황이 된다. 반면 데이터 입력처럼 머리를 쓰지 않는 일이 대표적인 패시브 워크다. 힘들이지 않아도 일이 진행될 뿐만 아니라 들인 시간만큼 성과가 난다. 아무 생각 없이 할 수 있는 일이라고 보면 된다.

일에 대한 잘못된 생각 중 하나가 중요한 일을 먼저 하라는 거다. 중요한 일이 패시브 워크라면 그래도 되지만 액티브 워크라면 거기에 매달려 있다가 다른 일도 그르치기 십상이다. 그렇기에 액티브 워크와 패시브 워크를 잘 구분해야 일을 효율적으로 할 수 있다. 일단 액티브 워크를 시작한다. 그러다 막히면 패시브 워크를 한다. 패시브 워크를 어느 정도 했다면 다시 액티브 워크를 한다. 이렇게 성격이 다른 두 가지 일을 반복해서 하는 식이다. 패시브 워크는 생각 없이 할 수 있는 일이라서 머릿속으로는 액티브 워크와 관련된 생각을 할 수 있다. 이러면 두 가지 일을 동시에 하는 게 된다.

액티브 워크를 먼저 해야 하는 이유는 생각이 구체화되기까지 걸리는 시간 때문이다. 그래서 무조건 빨리 시작하는 것이 좋다. 액티브 워크는 공간의 구애를 받지 않고 할 수 있는 일이다. 출퇴근 시간, 휴식 시간, 점심시간 언제나 가능하다. 그러다 유레카를 외치는 순간이 오면 그 일은 패시브 워크로 전환된다. 그다음부터는 시간을 들여 일을 마무리 하면 끝이다. 퀘스트 제작하는 과정을 예로 들자면 플롯과 캐릭터에 대한 고민은 액티브 워크다. 그게 결정된 이후에 하게 되는 문서 작업은 패시브 워크다. 일의 성격을 잘 구분해서 대응하는 것이 이 방법의 핵심이다. 이 개념만 잘 적용해도 일 잘한다는 소리는 충분히 듣는다.

게임의 본질에 대해
끊임없이 질문합니다

〔 PLAY 〕

게임의 본질이 무엇인지 묻는다면 '재미'라고 답하는 이들이 많다. 얼핏 생각하면 정답처럼 들릴 수 있다. 그러나 세상엔 재미있어야 하는 게 너무나 많다. 우리가 즐기는 소설, 드라마, 영화, 만화, 연극, 뮤지컬과 같은 콘텐츠는 대부분 재미를 추구한다. 그렇다면 이들 매체의 본질도 재미인가? 당연히 아니다. 재미라는 건 상업적인 가치를 만들기 위해 추구하는 하나의 방향성에 불과하다. 이런 이유로 재미를 게임의 본질이라고 하는 건 지극히 1차원적인 사고다.

내가 MMORPG를 하는 이유는 게임 안에서의 '관계' 때문이다. 시작은 재미였을지도 모르지만 게임을 접는 순간 길드원들과의 관계가 끝나는 것을 알기에 게임을 계속하고 있다. 단순히 스트레스를 풀기 위해 게임을 하기도 한다. 게임에 대해 제대로 알기 전의 나도 재미가 게임의 본질이자 추구해야 할 최고의 가치라 생각했다. 하지만 막상 게임 기획자가 되어서 게임을 오랫동안 지켜보다 보니 다른 것들이 보이기 시작했다. 게임은 생각보다 단순한 매체가 아니다.

이에 대한 나의 답은 바로 '상호작용interaction'이다. 상호작용 역시 많은 사람이 게임의 본질 중 하나로 이야기하는 특성이다. 이는 내가 많은 책을 읽고 게임 기획을 하며 내린 결론이다. 게임을 다룬 책에서도 공통적으로 이야기하는 부분이 바로 상호작용이었다.

게임의 본질이 상호작용이라는 사실은 최초의 게임에서도 그 증거를 찾을 수 있다. 1부에서 언급했듯, 세계 최초의 게임은 1958년에 만들어진 〈테니스 포 투〉다. '입력 장치 - 하드웨어 - 출력 장치'라는 기본 구조 안에서 상호작용이 이루어지는데, 지금 시대의 게임과 메커니즘이 완전히 동일하다. 즉, 탄생부터 지금까지 게임은 상호작용이라는 기본 원리에서 벗어난 적이 없다는 것이다. 게임이 게임인 이유, 게이미피케이션gamification(게임 외의 분야에서 게임 요소를 따와 접목하는 것)이라는 표현을 써가면서 게임 업계 밖에서도 게임의 생태를 주목하는 건 모두 게임이 가진 상호작용이라는 특성 때문이다.

본질이란 불필요한 것들을 제외하고 남아 있는 그 무언가다. '비주얼 노벨이 게임인가?'에 대해 논란이 있는 것도 비주얼 노벨의 상호작용이 약해서다. 상호작용은 게임을 게임답게 만들어주는 요소다. 우리가 게임에 열광하는 것도 이 때문이다.

기획자의 기본 자세, '왜?'라는 질문

게임 기획자로 일하다 보면 이러한 질문들을 끊임없이 하게 된다. 질문은 본질에 다가가기 위한 행위다. 스스로에게 던지는 이런 질문을 통해 나는 성장해 왔다. 퀘스트 기획자로 일할 당시에 내가 가졌던 의문은 'MMORPG

의 퀘스트가 재미없는 이유'였다. 태생이 콘솔 게이머였던 나의 기준에서 MMORPG의 퀘스트는 너무나 재미없었다. 처음엔 그냥 장르나 플랫폼이 다르니 그런 게 아닐까 하고 단순하게 생각했다. 그러기를 몇 년, 영화 〈트랜스포머〉를 보고 답을 찾을 수 있었다. MMORPG라는 장르가 추구하는 방향성 때문에 희생된 것 중의 하나가 스토리 구조였다. MMORPG의 퀘스트는 우리가 재미를 느끼는 스토리 문법에서 벗어날 수밖에 없었기에 재미가 없는 건 당연했다. 의외로 간단한 문제였다. 이 질문에 대한 답을 찾기까지 5년이 걸렸다. 이 깨달음으로 인해 나는 게임 개발자 콘퍼런스에 참석해 강연을 하고, 게임 시나리오 작법서를 집필할 수 있었다. 내가 질문을 하지 않았다면 절대 이루지 못했을 성과다.

과거의 나도 그랬지만 우리나라 사람들은 질문을 잘 하지 않는다. 우리나라에서 노벨상 수상자가 나오지 못하는 이유도 여기에 있다고 생각한다. 문제 하나 제기하지 못하는데 가치 있는 걸 찾아낼 수 있을까? 정말 쓸데없는 것처럼 보이는 질문 하나에서 시작되는 게 많다. 게임 기획자라면 항상 '왜?'라는 질문을 할 수 있어야 한다. '이 시스템이 어떤 의도로 만들어졌을까?' 이 질문에 답하면 그 시스템을 완전히 이해할 수 있다. 질문의 중요성은 아무리 강조해도 지나치지 않다. 약간의 과장을 한다면 내가 게임 기획자가 될 수 있었던 건 '질문형 인간'이 되었기 때문이다.

부끄럽지만 중·고등학교 시절의 나는 교실 뒷자리에서 딴짓하고 밥 먹듯 엎드려 자던 학생이었다. 이런 내가 수업 시간에 질문을 할 리 만무했다. 그러나 확실한 목표를 정한 대학 시절의 나는 달랐다. 당시에 배웠던 연극, 영화, 인문학 모두를 게임 기획자가 되기 위한 과정의 하나로 생각했다. 동기부여가 되어서인지 수업 시간이면 강의실 제일 앞자리에 앉아서 교수님께 질문하곤 했다. 교수님께 전화하거나 직접 찾아간 적도 있을 정도였다. 그러나 누군가에게 질문해 답을 얻는 건 하수나 하는 짓이다.

고수가 되려면 스스로에게 질문을 던져야 한다. 내가 자주 드는 예는 자전거 타기다. 자전거를 타는 방법에 대한 설명을 아무리 들어도 자전거를 탈 수 있게 되는 건 아니다. 물론 타고난 균형감각을 가졌다면 가능하겠지만 보통은 넘어지거나 넘어질 위기를 겪는다. 그 과정을 거쳐야 자전거를 탈 수 있게 된다. 이런 과정을 통해 얻은 답만

이 진짜다.

질문이 멈춘다는 건 성장이 멈춘다는 의미다. 질문을
해야 한다. 그러나 질문의 양이 많다고 무조건 좋은 건 아
니다. 본질을 꿰뚫을 수 있는 제대로 된 질문을 하고, 그
질문에 답하는 과정에서 우리는 성장한다.

혁명을 꿈꾸는
신입 게임 기획자

▶ PLAY

갓 입사한 신입 게임 기획자는 큰 꿈을 꾼다. 세상을 깜짝 놀라게 할 대단한 게임을 만들 수 있을 거라는 꿈. 신입 딱지를 뗀 지 한참 지났지만 나 역시 아직 그런 콘솔 게임을 만들고 싶다는 꿈이 있다. 콘솔 게임을 좋아한다면 같은 생각으로 게임 기획자가 된 이들이 적지 않을 것이다. 이때 말하는 콘솔 게임은 트리플A 게임을 의미한다. 트리플A 게임이란 막대한 자본을 투자하여 제작되는 게임을 지칭하는데, 일종의 '명품 게임'을 말한다(그냥 〈GTA〉 같은 게임이라 생각하자).

국내 게임 회사에서 제작되는 게임 중에 트리플A 게임은 극소수다. 여기서 신입 기획자가 생각하는 게임과 실제 만드는 게임의 차이가 생긴다. 이상과 현실의 괴리다. 나도 그랬던 시절이 있어서 그중 한 가지 경험을 소개해 볼까 한다. 처음 퀘스트를 기획하면서 그림자를 활용할 아이디어를 생각했다. 구현을 어떻게 할지 알아보니 당시 내가 만들던 게임의 그림자는 2D 이미지였다. 오래된 자체 엔진의 한계였다. 3D 게임이라 빛의 위치에 따라 그림자가 달라질 것이라 생각했던 나는 큰 충격을 받았다.

이처럼 신입 게임 기획자는 구현 가능한 기획과 구현 불가능한 기획을 구분하기 어렵다. 아이디어를 어떻게 구체화할지에 대한 감이 부족해서 아이디어 나열에 그치기 쉽다. 생각하는 게임의 기준이 콘솔 게임이라면 구현 불가능한 상황이 훨씬 많아진다. 콘솔이라면 쉽게 구현 가능한 기능도 온라인 게임에서는 하기 힘든 경우가 많다. 훨씬 많은 것을 고려해야 하기 때문이다. 만약 프로그래머 중에 일을 좋아하는 능력자가 있다면 불가능한 구현은 없어진다. 일종의 슈퍼패스다. 다만 안타깝지만 이런 프로그래머는 드물어서 섣부른 기대는 금물이다.

새로운 생각이 가진 두 가지 함정

신입 기획자가 빠지기 쉬운 또 다른 함정은 새로운 것을 더 나은 것으로 착각한다는 점이다. 지금까지 없었다는 것의 의미는 둘 중 하나다. 정말 새롭거나, 필요가 없거나.

게임 기획자 지망생 커뮤니티에 올라오는 게임 아이디어 대부분은 그다지 특별하지 않을 뿐만 아니라 현실성도 떨어진다. 그중 하나가 인터렉티브 스토리에 대한 과대평가다. 하나의 스토리 라인만 따라가지 않고 이용자가 분기점에서 직접 전개를 선택할 수 있는 인터렉티브 스토리는 획일적인 스토리의 한계를 극복하기 위한 대안으로 제시되곤 한다. 그러나 막상 게임을 만드는 입장에서 인터렉티브 스토리는 생각보다 성가시다. 플레이어가 선택하면 스토리의 분기가 이루어진다. 그 상태에서 추가 분기가 생긴다면 스토리는 네 갈래가 된다. 같은 플레이 타임을 위해 네 배의 노력을 들여야 하는 셈이다. 결정적으로 인터렉티브 스토리의 기준이 〈디트로이트: 비컴 휴먼〉일 확률이 높아서 유저의 눈높이를 맞추는 게 현실적으로 불가능하다(이 게임의 제작 기간은 7년, 각본 작업만 2년이 걸렸다). 국내에서 만드는 게임, 특히 온라인 게임에서 인터렉티브 스토리를 찾기 어려운 건 현실적인 이유 때문이다. 잘 활용하면 특별한 경험을 줄 수도 있지만 스토리의 비중이 낮은 온라임 게임과는 맞지 않다. 여러 면에서 남는 장사가 아니다(물론 부분적인 활용은 가능하다).

역사에 등장하는 대부분의 혁명은 실패했다. 그럼에도 혁명이 계속되어야 하는 이유는 실패한 혁명이 씨앗이 되어 새로운 세계가 열리기 때문이다. 혁명을 꿈꾸는 건 어쩌면 신입 게임 기획자이기 때문에 가능한 일이다. 경력이 쌓이면 현실을 알게 되고 타협하게 된다. 그래서 더더욱 꿈꿀 수 있어 행복한 그 시기를 오랫동안 간직할 필요도 있다. 게임 기획자에게 다시 오지 않을 순간이니까.

게임 기획자의
공간
PLAY

때는 신입생이던 대학교 1학년, 학과 총회 자리였다. 학생회장이었던 선배가 무슨 생각인지 인주를 찾았다. 대체 어느 정신 나간 대학생이 가방에 인주를 넣고 다닌단 말인가. 그런데 그 인주가 나에게 있었다. 대학생이 대체 그걸 왜 가지고 있었는지는 정확히 기억이 나진 않는다. 내 가방은 어릴 때부터 무거웠고 많은 것이 들어 있었다. 가방은 누군가를 설명할 수 있는 가장 확실한 공간이라 할 수 있다. 지금 나의 가방 무게는 6.7kg이다. 들고 다니는 것만으로 운동이 될 정도다. 뭐가 들어 있는지 한번 꺼

내 보았다.

- 노트북: 언제 어디서나 작업을 가능하게 해준다.
- 아이패드: 전자책을 읽거나 영화나 드라마를 본다.
- 멀티탭: 콘센트가 부족한 카페에서 유용하게 활용한다.
- 멀티 충전기: 분신과도 같은 스마트폰의 밥줄이다.
- 충전 케이블: 아이폰과 아이패드용이다.
- 만능 충전 케이블: 5핀, 8핀, C타입 모두 충전 가능해서 닌텐도 스위치까지 커버한다. 길이도 길어서 활용도가 높다.
- 귀마개: 생활 소음을 좋아하는 편이지만 너무 시끄러우면 사용한다.
- 읽을 책: 전자책을 주로 읽지만 종이책도 한 권 정도 가지고 다닌다.
- 노트: 생각을 정리하면서 끄적인다.
- 지브라 멀티펜: 샤프와 4색 볼펜 조합의 가장 좋아하는 필기구다. 볼펜 심도 리필할 수 있어서 반영구적으로 사용한다. 가방에 1개, 집 책상에 1개, 총 2개를 사용한다.
- 수정 테이프: 잘못된 볼펜 사용에 대비한다.
- 지우개: 샤프를 많이 사용해서 지우개도 준비해야 한다.
- 리필용 볼펜 0.7mm: 만약의 대비용

- HB 샤프심 0.5mm: 만약의 대비용
- USB 32GB: 간혹 쓰일 때가 있다.
- 무선 마우스와 파우치: 인체 공학 무선 마우스와 파우치, 손목이 편하다.
- 스마트폰 거치대: 스마트폰과 아이패드 거치에 사용한다.
- 에어팟 2세대: 평상시 소지하는 에어팟 3세대를 집에 놓고 오면, 가끔 사용한다. 보험용.
- 이어폰과 파우치: 아이패드용 이어폰이다.
- 휴대용 배터리: 혹시나 충전이 어려운 상황을 대비한다.
- 휴대용 손소독제: 코로나와 싸우기 위한 물품이다.
- 휴대용 구강청결제: 밖에서 입이 찝찝하면 한 모금씩 한다.
- 노트북 거치대: 노트북을 높여서 눈높이를 맞춰준다.
- 3단 미니 우산: 어렵게 찾아낸 작은 우산. 한 뼘이 채 되지 않는다.
- 명함 지갑: 나를 알리는 유용한 아이템이다.
- 닌텐도 스위치: 장거리 이동 시 챙기곤 한다.
- 3M 책갈피: 책을 읽고 중요한 내용을 표시하는 데 사용한다.
- 보온병: 커피를 즐기지만 한 번에 많이 마시는 스타일은 아니어서 커피가 남으면 여기에 보관한다.

이 가방을 가지고 다니며 약속이나 일정을 앞두고 시간이 남으면 근처 카페에서 작업을 한다. 가방의 물건들은 카페를 나의 공간으로 만들어준다. 그래야만 작업이 잘된다. 일종의 홈그라운드 효과라고나 할까? 무엇보다 일하다 필요한 물건이 없는 상황이 싫다. 코로나로 인해 재택근무 시간이 늘어나면서 끌고 다니는 짐도 점점 늘었다.

내 사무실 책상은 아주 평범하다. 문제는 내가 정착하는 곳마다 뭔가 계속 증식한다는 점이다. 쓸데없는 것들이 자꾸 늘어난다. 이런 것들은 자리를 옮기거나 퇴사하면 짐이 된다. 그래서 늘 후회하지만 같은 일이 매번 반복된다. 그래도 내 나름대로는 꼭 필요하다 싶은 것만 두는 편이다. 피규어처럼 장식을 위해 두었다가 결국 먼지만 쌓이는 물건은 없다.

코로나 때문에 재택근무를 하게 되면서 집 책상을 쓸 일이 많아졌다. 사무실 책상과의 유일한 차이는 알람 주사위가 있다는 것 정도다. 알람 주사위는 시간이 표시된 면으로 뒤집으면 그 시간이 지난 후에 알람이 울리는 신기한 아이템이다. 여러 일을 끊어서 작업할 때가 많아서 유용하게 활용한다.

집에는 책이 많다. 아니 책을 많이 산다는 표현이 더 맞다. 나는 필요한 책이 있으면 거의 사서 보는 편이다. 나는 독서 성향이 아주 확고해서 성장에 필요한 책만을 원한다. 자기 계발서, 인문학, 스토리 작법이라는 범주에서 크게 벗어나지 않는다. 특히 내가 집착하는 분야가 스토리 작법서다. 눈에 띄면 무조건 산다. 덕분에 웬만한 스토리 작법서는 거의 소장 중이다. 출판되는 스토리 작법서는 많지만 괜찮은 의외로 책은 드물다. 그럼에도 한 문장이라도 도움이 될 수 있다면 산다. 얼마 전부터 텀블벅을 통해 설정 작업에 도움이 될 것 같은 책도 자주 펀딩하고 있다. 주제는 요괴, 도술, 판타지, 신화 등 아주 다양하다. 이런 책들은 메이저 출판사에선 잘 나오지 않고 절판되는 경우가 많아서 필요한 순간 구하기 어렵다. 당장에 보지 않으면서도 꾸역꾸역 모으고 있다. 이렇게 증식된 책은 이사 시즌마다 나를 힘들게 하지만 '언젠가 한 번은 쓰이겠지'라는 생각으로 책장을 채우고 있다.

잘 놀아야
기획도 잘합니다

(PLAY)

　나의 특별한 취미는 프라모델 수집이다. 일반적인 프라모델이 아니라 오래된 프라모델을 모은다. 전문 용어론 '올드 프라'라 불리는데 마니아들의 시장이 형성되어 있다. 시장이라고는 하지만 정말 작아서 아는 사람만 안다. 말이 좋아 프라모델이지 골동품으로 보는 게 맞을 정도다. 올드 프라의 대표적인 아이콘은 '우뢰매'와 '태권브이'다. 문방구를 아는 나 같은 80년대 전후 세대라면 새록새록 추억이 돋아나는 아이템이다.

　당시에는 저작권 개념이 희박해서 프라모델이나 완구

는 일본 제품을 베껴서 판매하곤 했다. 알고 보면 대부분 일본 원판이 존재해서 국내 해적판과 비교해 보는 재미가 있다. 보통은 박스의 일러스트가 다르고 80, 90년대에 나온 프라모델이어서 아주 조악하다. 만들어보면 합이 잘 맞지 않는 경우도 많다. 하지만 나는 이런 어설픈 느낌, 뭔가 부족하고 없어 보이는 감성이 너무 좋다. 내가 완구보다 프라모델을 더 좋아하는 이유는 미완성이 주는 기대감 때문이다. 프라모델은 가능성을 가진 존재다. 부품과 설명서를 보면서 어떻게 만들어질지를 상상하면 가슴이 충만해지는 느낌이다. 나의 소박한 꿈 중 하나는 그동안 어렵게 모은 프라모델을 모두 전시할 수 있는 서재를 마련하는 것이다.

나의 특별하지 않은 취미라면 여행이다. 여행을 어떻게 정의하는가는 사람마다 다르겠지만 나는 일상에서 벗어날 수 있다면 모두 여행이라 생각한다. 박물관이나 미술관에 가는 것도 내게는 여행이다. 집과 회사라는 익숙한 환경을 벗어나기만 해도 전부 여행이다. 전제는 혼자여야 한다는 점이다. 혼자가 되어야 온전히 생각 자체에 집중할 수 있다. 사람과 부대끼다 보면 생각할 시간이 적다. 혼자 떠나는 여행이면 생각을 하지만 함께 떠나는 여행에선 생각을 하기가 어렵다. 성장에 가장 좋은 도구가 독서인 것도 같은 이유다. 독서를 통해 지식을 얻는다기보다는 책의 내용에 대해 깊게 생각하기 때문에 성장할 수 있다. 생각 없는 독서는 의미가 없다. 낯설고 특별한 공간일수록 평소와는 다른 생각을 하게 된다. 머릿속이 복잡하거나 특별한 아이디어가 필요하면 산책이라는 가벼운 여행을 떠나곤 한다. 회사 사무실에서 하는 생각은 한계가 있다.

인문학으로
생각하는 힘을 기릅니다

(PLAY)

최근 들어 게임 기획자에게 강요(?)되는 것 중의 하나가 인문학이다. 다들 인문학을 마치 만병통치약처럼 이야기하고 있지만 정작 인문학 전공자는 천대받는다. 다들 인문학적 소양을 가진 인재를 뽑겠다고 말하지만 그걸 어떻게 활용할지는 누구도 쉽게 답하지 못한다. 인문학의 효용가치에 대한 글을 찾아봐도 모호하기만 하다. 스티브 잡스만 아니었어도 이 정도는 아니었을지도 모르겠다. 결론부터 말하자면 게임 기획자에게 인문학은 유용할 수 있다. 그렇다고 엑셀과 같은 필수는 아니고 플러스 알파 정도다. 중요도로 치면 별 3개 정도. 참고로 엑셀은 별 5개로 만점이다.

인문학이 게임 기획자에게 가치 있는 이유는 통찰력을 기를 수 있는 좋은 수단이기 때문이다. 통찰력을 내 식으로 표현하면 '뭐가 중요한지 아는 힘'이다. 일머리가 좋은 사람들은 통찰력이 뛰어나다. 일의 본질을 쉽게 파악하고 뭐가 중요한지 알기 때문에 올바른 선택을 한다. 일 처리 속도 역시 빠르다. 지능이 높다기보다는 지력이 높다. 통찰력은 게임 기획자가 갖추어야 할 능력 중 하나다. 통찰력이 뛰어나면 게임의 맥락을 잘 파악하기 때문에 분석도 잘하게 되고 무엇보다 삽질할 확률이 현저히 줄어든다.

〈블레이드 앤 소울〉의 퀘스트를 거의 처음 만들 때였다. 당시 퀘스트는 연출에 중점을 둬서 싱글 플레이로 진행되도록 제작했다. 콘솔 같은 MMORPG를 추구해서 그런지 당시 퀘스트 기획자 누구도 이를 문제라 생각하지 않았다. 그러나 MMORPG란 장르는 콘솔 게임과 달라서 다른 플레이어와 함께 할 수 있어야만 한다. 결국 윗선의 지시가 내려왔고 연출을 줄이고 멀티 플레이가 가능한 형태로 다시 만들었다. 퀘스트 기획자들은 통찰력이 없었지만, 윗선은 통찰력이 있었다고 할 수 있다. 뭔가의 본질을 파악할 수 있다는 건 확실한 이점이다. 다행이라면 통찰력이 떨어져도 게임 기획자로 일하는 데 큰 문제는 없다는 점이다. 시행착오만 조금 더 겪으면 될 뿐.

본격적으로 인문학에 관한 이야기를 해보자. 인문학의 대표적인 학문은 철학, 문학, 역사다. 철학은 사람의 생각에 대한 학문이다. 철학이 인문학의 시작인 이유도 사람의 생각에 따라 모든 것이 달라지기 때문이다. 철학 사조를 달달 외우는 건 의미가 없다. 그 시대 사람들이 왜 그런 생각을 하게 되었는지 맥락을 파악하는 게 중요하다. 문학 작품에서 작가가 던지는 주제 역시 사실은 철학이다. 알베르트 카뮈의 소설 《페스트》는 전염병이 창궐한 재난 상황에서 어떻게 살아가야 할 것인가에 대한 이야기다. 지금과 같은 코로나 시대에선 한번쯤 생각해 볼 만한 주제다. 만약 좀비를 소재로 한 게임을 만들고 있다면 《페스트》의 다양한 인간 유형을 게임 캐릭터화할 수 있다. 문학 작품의 철학적인 주제에 대해 깊게 생각할수록 통찰력이 길러진다.

마지막으로 역사. 역사는 게임 시나리오 기획자에게

특히 유용하다. 역사적 사실 중엔 허구보다 더 극적인 이야기가 많다. 이를테면 '카노사의 굴욕'이나 '위화도 회군' 같은 사건은 게임 시나리오에 그대로 가져와도 될 정도다. 그 사건이 일어나야만 했던 전후 맥락은 플롯과 크게 다르지 않을 뿐만 아니라 개연성도 확보되어 있어서 활용 가치가 높다.

사람들은 인문학을 무겁거나 어렵게 생각하는 경향이 있다. 많은 사람이 소설만을 문학이라 생각하는데 문학의 사전적인 뜻은 '언어를 표현 매체로 하는 예술이나 작품'을 말한다. 그러나 문학이 언어로 정의된 이유는 과거 예술작품은 대부분 텍스트로 표현할 수밖에 없었기 때문일 확률이 높다. 알베르트 카뮈가 지금 태어났다면 만화나 영화로 〈페스트〉를 만들었을지도 모르는 일이다. 화가로 잘 알려진 살바도르 달리는 영화 제작에도 다수 참여했다. 예술 영화가 다루는 주제 역시 철학적이어서 문학 작품을 읽었을 때의 효과와 크게 다르지 않다. 책을 읽기 싫다면 〈노인을 위한 나라는 없다〉 같은 영화를 봐도 좋다. 중요한 건 인문학을 통해 생각할 거리를 계속해서 찾는 일이다.

5부

(UPDATE)

미래를 꿈꿉니다

공부 못하니까
게임 기획이나 하겠다고요?

(UPDATE)

게임을 좋아한다는 이유만으로 다른 IT 회사에 비해 적은 연봉을 감수하던 시절이 있었다. 그러나 지금은 꿈이라는 이상과 삶이라는 현실의 경계에서 대부분의 취준생이 현실을 선택하는 것 같다. 어느 순간 게임 회사를 꺼리는 프로그래머가 늘어나기 시작했다. 인력 경쟁에서 밀린 넥슨의 선택은 연봉을 올리는 것이었다. 그 파급 효과는 커서 게임 업계 전반의 연봉 상승효과로 이어졌다. 최근 들어 게임 기획자를 지망하는 이들이 늘어난 건 이 때문일 것이다. 이유야 어찌 되었건 사람이 몰리면 업계 발전에 도움이 되는 건 분명하다.

이런 변화는 긍정적이지만 불편한 점도 있다. 그중 하나가 게임 기획자가 되는 걸 쉽게 생각하는 인식의 확산이다. 인터넷 커뮤니티에 종종 게임 기획자가 되고 싶다는 학생 혹은 일반인의 글이 올라온다. 이런 사람들의 특징 중 하나는 공부에는 관심이 없거나 잘 못 한다고 자신을 소개한다는 점이다. '아트와 프로그램은 어렵고 힘들 것 같으니 게임 기획자나 해볼까'라고 생각하는 사람이 많다. 물론 완벽한 착각이다.

게임 기획자는 누구나 될 수 있지만, 아무나 될 수 있진 않다. 게임 회사에서 아무나 고용할 리가 없지 않은가. 사람들은 자신이 보고 싶은 것만 보고 게임 기획자가 되려고 한다. 이런 사람들에게 국비 지원 게임학원이 들러붙는다. 보통의 학원은 잘 가르쳐서 소문이 나거나 성과가 나야 학생이 늘어나기에 수업에 신경을 많이 쓴다. 반면 국비 지원 학원은 사람을 모으기만 하면 수익이 나는 구조다. 학생 입장에선 학원비에 대한 걱정이 없어서 학원 등록에 부담이 적다. 이런 이유로 국비 지원 게임학원은 광고가 상담으로 연결되도록 해서 학생 숫자 늘리는 데 심혈을 기울인다. 게임에 대해 모르던 비전공자도 높은 연봉을 받고 취업에 성공했다며 광고하지만 그런 사례는 극소수에 불과하다. 개인적으로 국비 지원 학원을 좋아하지 않는다. 진로를 고민하는 중학교 2학년 학생에게 게임학원에 다니라고 할 정도로 양심 없는 집단이기 때문이다.

꿈은 아주 달콤한 열매여서 '나는 남들과 다르게 꿈을 꾸고 있어'라고 위안 삼으며 노력하지 않는 게임 기획자 지망생이 꽤 많다. 그러나 꿈은 절대 도피처가 아니다. 만화 〈베르세르크〉의 명대사처럼 도망쳐서 도착한 곳에 낙원이 존재할 리 없다. 꿈을 꾼다는 건 남들보다 어려운 길을 가야 한다는 의미다. 간절히 원하기만 하면 우주의 기운이 나의 소원을 이뤄주는 일은 영화나 소설에서나 존재한다. 게임 기획자가 되려면 게임 기획에 관한 공부를 해야 한다. 공부하기 싫어서 게임 기획자가 되겠다는 생각은 그 자체로 모순이다. 게임 회사도 회사라는 사실은 변함이 없다. 오히려 높아진 경쟁률로 인해 게임 기획자가 되기가 더 어려워진 것이 현실이다.

끝날 때까지 끝난 게 아닌

자전거를 타고 앞으로 나아가기 위해선 가려는 방향으로 핸들을 조정해서 페달을 밟아야 한다. 페달 밟기를 멈추는 순간 자전거는 멈춰서고 만다. 게임 기획자의 삶도 자전거 타기와 비슷하다. 자기 계발이라는 이름의 페달 밟기는 게임 기획자가 되는 순간 시작된다. 이건 게임 기획자와 같이 콘텐츠를 창작하는 사람이라면 누구나 짊어지고 가야 할 숙명이다. 무슨 직업이나 마찬가지겠지만 게임 기획자로 취업하는 순간 취업 전보다 더 힘든 고난이 기다리고 있을지도 모른다. 내가 생각하는 게임 기획자의 어려운 점은 핸들 조정이다. 분야도 다양하고 체계도 없는 편이라 어디로 가는 것이 맞을지 가늠하기 어렵다. 사수를 잘 만나면 운이 좋은 편이다. 문제가 있는 사수를 만나면 실패를 경험하며 혼자 깨닫는 것 외에는 방법이 없다. 누군가의 조언도 도움이 될 수 있지만, 게임 기획자 각자가 처한 상황은 그야말로 천차만별이라 일반화하기 어렵다.

게임 기획자의 자기 계발은 '아킬레스와 거북이의 경주'와 크게 다르지 않다. 제논의 역설에서 아킬레스는 거북이를 절대 따라잡을 수 없다. 거북이는 느려도 되지만 나아가는 걸 멈추는 순간 따라잡히고 만다. 여기서 거북이가 바로 게임 기획자다. 게임 기획자가 되는 순간 경주는 이미 시작되었다고 볼 수 있다. 대단한 자기 계발까지도 필요 없다. 최소한 게임하고 분석하는 일은 꾸준히 해야 한다. BM만 하더라도 몇 년 사이에 크게 달라졌다. 아니, 발전해 왔다. 이런 변화는 처음에는 눈에 잘 띄지 않지만 출시되는 게임을 한두 개씩 놓치다 보면 어느새 시대의 흐름을 따라잡지 못하게 되어버린다. 풍문에 의하면 아직도 2004년에 출시된 〈WOW〉를 찾아 헤매는 기획자들도 있다. 게임 개발자 커뮤니티에도 윗세대 게임 기획자를 저격하는 글이 자주 올라온다. 현재를 이야기하는 사람과 과거에 머무는 사람 간의 갈등은 당연하다. 게임 기획자는 현재를 사는 사람이 되어야 한다.

기획자가 집중해야 할
경험과 성장

(UPDATE)

　와이셔츠의 첫 단추를 잘못 잠그면 그 이후 순서도 엉망진창이 되듯이 게임 기획자의 경력 쌓기도 이와 마찬가지다. 첫 단추를 지나 적어도 세 번째 단추까지는 제대로 잠글 수 있어야 한다. 게임 회사에서 가장 선호하는 기획자는 2~3년 차로, 연봉 대비 효율이 가장 높을 때다. 기회가 많은 이때 성장에 도움이 되는 회사를 찾는 것이 좋다. 큰 회사나 게임 출시가 가능한 회사 모두 괜찮은 선택이다. 큰 회사의 장점은 연봉과 복지다. 회사의 인지도가 있다면 친구들 사이에서 나름 큰소리도 칠 수 있다. 게임 출시가 가능한 회사도 장점이 많다. 결과물을 내는 조직과 그렇지 않은 조직의 가장 큰 차이는 프로세스다. 같은 1년을 보냈더라도 출시에 성공한 조직에 있었다면 획득하는 경험치의 양은 다를 수밖에 없다. 시작은 누구나 할 수 있지만 끝을 맺는 건 아무나 할 수 없다. 출시 가능성이 높은 프로젝트를 찾아다녀야 하는 건 이 때문이다. 가장 좋은 건 출시 가능성이 높은 큰 회사의 프로젝트에 참여하는 것이다. 게임 기획자가 되고 나서 5년까지가 가장 중요하다. 워라밸 따윈 개나 줘라. 적어도 이 기간엔 전력투구로 일해야 원하는 게임 기획자의 모습에 가까워질 수 있다. 절대적으로 성장에 집중해야 할 시기다.

이직의 성공 여부가 경력에 미치는 영향은 아주 크다. 어떤 회사의 이직에 성공하는지에 따라 경력이 완전히 달라진다. 합격을 논의하는 회의에 참가자의 성향에 따라 합격 여부가 갈라진다. 이런 회의에 참여할 때면 우디 앨런의 영화 〈매치 포인트〉가 떠오른다. 공이 네트를 넘으면 합격, 못 넘으면 불합격이다. 합격자와 불합격자의 실력 차이는 거의 없지만, 그 미세한 차이가 누군가의 인생을 바꾼다.

나의 커리어 전환점은 엔씨소프트였다. 당시 내가 일

했던 팀은 담당자에게 권한을 많이 주는 편이어서 만들고 싶은 퀘스트는 전부 만들 수 있었다. 가장 큰 소득은 MMORPG의 스토리 구조가 우리가 즐겨온 다른 콘텐츠와는 다르다는 사실을 알게 된 것이었다. 퀘스트 기획자로 오랫동안 일하면서 얻은 성과다. 큰 회사에서 프로젝트를 성공적으로 마무리했다는 경력이 추가된 것은 덤이다.

게임 기획자에게 라이브 경험도 중요한 자산이 된다. 게임 개발과 라이브 서비스는 기획적으로 추구하는 방향성이 달라서 좋은 공부가 된다. 만약 참여한 게임이 출시에 성공했다면 적어도 1년은 회사에 있는 게 좋다. 게임이 잘되면 인센티브를 받을 수도 있으니까. 인센티브를 받아서 차 사고 집 샀다는 전설적인 이야기도 돌아다니지만 대체로 짠 편이다. 엑스박스인가 게임기 하나로 인센티브를 대신한 사례도 있을 정도다. 그러니 인센티브에 대한 너무 큰 기대는 접어두는 편이 속 편하다. 경력 사항에 출시에 성공한 게임과 라이브 서비스 경험까지 있다면 이직 선택의 폭은 훨씬 넓어진다.

게임 기획자에게 무엇보다 중요한 건 소중한 시간을 어떻게 사용할지 선택하는 것이다. 벤자민 버튼의 시간은 거꾸로 가겠지만 게임 기획자의 시간은 한정적이다. 일할 수 있는 시간이 10년일지 20년일지는 아무도 모른다. 중요한 건 방향성이다. 그 방향성에 맞는 선택을 지속적으로 해야만 성과가 나온다. 대부분은 큰 회사에서 안정적인 삶을 영위하는 것을 목표로 하는 것 같다. 큰 회사에서는 내가 만들고 싶은 게임을 만들기가 어렵기 때문에 연봉이라도 많이 받는 선택을 하는 것도 나쁘지 않다고 본다.

나와 회사의 관계

요즘 2030 세대는 회사에 충성하지 않는다고 한다. 이 말이 맞으려면 이전 세대는 회사에 충성했어야 한다. 그러나 회사원이 일하는 이유는 오로지 나를 위해서다. 과거에도 그랬고 앞으로도 이 사실은 변하지 않을 것이다. 충성의 뜻을 사전에서 찾아봐도 '진심에서 우러나오는 정성, 특히 임금이나 국가에 대한 것을 이른다'고 되어 있다. 뜻만 봐도 회사에 맹목적으로 충성한다는 건 말이 되지 않는다. 월급도 없이 회사에 충성하며 일할 사람이 세상에 몇이나 될까? 회사와 나의 관계는 서로를 이용하는 그런 관계다. 관계의 시작이 계약인 것만 봐도 충성과 같은 시대착오적인 말이 나올 여지는 없다. 회사 입장에서 직원은 몬스터에 가깝다. 내가 사라지면 나와 같은 역할을 하는 다른 누군가가 그 자리를 대체할 뿐이다. 물론 업계 네임드가 되면 몬스터가 아니라 캐릭터 정도로 대우받기는 한다.

내가 회사에 바라는 건 두 가지밖에 없다. 연봉과 성장을 위한 발판, 나는 이 두 가지를 보고 회사를 결정한다. 연봉이 다소 낮아도 프로젝트의 전망이 좋거나 경험해 보지 못한 장르라면 나는 그 회사에서 일하기를 선택한다. 비정규직인 것도 나에게는 문제가 되지 않는다. 내가 엔씨소프트에 계속 머물렀다면 AOS, AR 게임, 수집형 RPG, 퍼즐, 오픈 필드 게임, 콘솔 게임과 같은 다양한 장르의 게임을 기획하는 경험을 하지 못했을 것이다. 물론 그 프로젝트 대부분이 출시까지 이어지진 못했다. 그럼에도 해당 장르에 대해 고민하는 시간을 가졌기에 전보다는 더 많은 성장을 할 수 있었다.

한 분야의 전문가가 되기 위해서 최소한 1만 시간이 필요하다는 '1만 시간의 법칙'은 여전히 유효하다. 경력이 같더라도 일한 시간에 따라 역량 차이가 나는 것은 당연하다. 게임 기획자의 전문성을 갖추고 싶다면 일단 일을 많이 해야 한다. 분야를 막론하고 우리가 아는 천재들은 자기 분야에서 누구보다 시간을 많이 보낸 사람이다. 회사 일을 내 일이 아닌 것처럼 생각하는 사람이 많다. 그러면서 받은 만큼만 일한다는 핑계를 대며 일을 제대로 하지 않는다. 이 둘을 구분 지을 필요가 없는 이유는 회사 일에 열정을 쏟았을 때 가장 이득을 보는 사람이 나이기 때문이다. 그렇게 키운 역량으로 더 나은 회사를 찾아 이직하면 된다.

관계 설정을 똑바로 할 필요가 있다. 회사는 머무는 곳이 아니라 잠시 거쳐 가는 곳이다. 그러다 내가 성장할 수 있고, 대우까지 좋은 회사에서 찾는다면 그곳에서 오래 머물면 된다.

큰 회사와 작은 회사의 장점과 단점

UPDATE

게임 업계에서 말하는 3N은 업계를 대표하는 3대 회사를 지칭하는 말이다. 우연의 일치인지는 몰라도 게임 업계의 탑 3 회사의 이니셜에는 N이 포함되어 있기 때문이다. 초기에는 엔씨소프트, 넥슨, 네오위즈였지만, 네오위즈가 하향세를 타면서 넷마블이 그 자리를 차지했다. 그래서 게임 업계에서는 회사 이름에 N이 들어가야 성공한다거나 일부러 N이 포함된 회사 이름을 지었다는 농담 아닌 농담이 존재한다. 일반적으로 이들 회사를 대기업이라고 부른다. 국내 전체 산업 중에서 보자면 엔씨소프트는 중견기업이지만 업계에선 대기업으로 취급한다. 게임 업계 기준으론 대기업이 맞다.

나는 일을 시작한 지 만 2년이 채 되지 않은 시점에 3N 중 하나인 엔씨소프트에서 일하게 되었다. 나의 게임 기획자로서의 첫발은 그다지 순탄하지 못했는데 게임 회사로 알고 들어간 첫 회사에선 교육용 소프트웨어를 만들었고, 두 번째 회사는 중간에 팀이 폭파되었다. 프로젝트 드롭이라는 우아한 표현도 있지만 업계에선 이런 표현도 많이 쓴다. 이런 사정을 고려한다면 나의 실질적인 경력은 엔씨소프트가 시작이라 할 수 있다. 내가 경험한 큰 회사는 정말 큰 회사다웠다.

내가 참여한 〈블레이드 앤 소울〉은 덩치가 가장 큰 MMORPG였다. 기획팀 구성원만 수십 명에 이르는 대형 프로젝트였다. 전체 개발팀 숫자만큼 n분의 1을 하면 게임 전체에서 내가 미친 영향력이 얼마나 미미한지 새삼 느낄 수 있다. 당연하게도 내가 할 수 있는 일이 한정될 수밖에 없었다. 퀘스트 기획자였던 나는 4년이 넘도록 그 일만 담당했다. 내가 엔씨소프트를 그만두게 된 이유도 이 때문이다. 퀘스트 기획의 스페셜리스트가 되었지만 성장이 정체되고 있음을 느꼈다. 큰 회사에서 작은 회사로의 이직이 어려운 이유 중 하나는 작은 회사는 모든 일에 능통한 제너럴리스트를 원하기 때문이다. 이게 내가 생각하는 큰 회사의 유일한 단점이다. 일의 분담이 확실해서 내가 맡은 분야엔 능통할 순 있어도 다양한 일을 두루 경험하기 어렵다. 장점은 너무나 많다. 일단 연봉이 높고 복지가 좋다. 내가 다니고 있는 회사와 만들고 있는 게임을 사람들이 안다는 것도 큰 장점이다. 야구단 때문에 어르신들도 엔씨소프트는 아신다.

작은 회사의 장점은 상대적으로 다양한 일을 할 수 있다는 점이다. 이직한 후에 나는 콘텐츠 기획, 시스템 기획, 시나리오 기획을 담당했을 뿐만 아니라 때에 따라선 전투 기획에 관여하기도 했다. 업무적인 만족도는 높았다. 게임을 바라보는 관점이나 시야가 전보다 넓어졌다. 게임 개발에서 내가 차지하는 비중이 커지다 보니 게임 개발도 재미있게 느껴졌다. 단점은 체계가 없다는 점이다. 프로세스가 없다고 할 정도의 팀도 여러 번 경험했다. 가장 큰 이유는 리더들의 역량 부족이었다. 엔씨소프트 이후로 내가 경험한 회사는 여러 면에서 문제가 많았다. 연봉이 상

대적으로 낮고, 복지가 좋지 않은 것도 작은 회사의 단점
이다.

내 인생 두 명의
게임 기획자
(UPDATE)

　내 인생에 가장 큰 영향을 미친 한 사람은 일본의 게임 기획자인 코지마 히데오다. 오래전 내한 행사에서 OST 앨범에 사인도 받았으니 일면식이 전혀 없는 건 아니라고 소심하게 주장해 본다. 그가 만든 〈메탈 기어 솔리드〉는 '영화 같은 게임'의 가장 대표적인 예다. 아마도 영화감독을 꿈꾸다 게임을 만든 영향 때문일 것이다. 내가 학창 시절에 만난 〈메탈 기어 솔리드〉라는 게임은 나를 유혹하는 데 성공했고, 나도 그런 게임을 만들고 싶다고 생각했다. 그에 대한 동경은 급기야 영화를 전공하는 선택으로도 이어졌다. 게임과 영화는 많이 닮았지만, 그렇다고 게임 기획자 지망생이 영화를 선택할 확률은 제로에 가깝다. 당시 나의 선택은 스타를 따라 하는 팬의 행동과 비슷했다. 나는 게임 기획자가 되겠다고 떠들고 다니는 영화학도가 되었다. 1순위는 언제나 게임이었기에 영화에 깊이 빠지지는 않아서 이론 공부를 많이 했다. 게임을 알기 전에 영화를 먼저 알았고, 두 매체를 오가며 많은 걸 배웠다. 게임과 영화라는, 지금 시대를 대표하는 두 매체를 모두 경험했다는 건 콘텐츠를 만드는 입장에선 대단한 행운이다. 그래서 게임 기획자 지망생인 중학생이나 고등학생을 만나면 내가 늘 두 번째로 하는 얘기가 게임학과는 가지 말라는 거다(물론 첫 번째로 하는 말은 공부 열심히 하라는 말이다). 만약 내가 코지마 히데오의 팬이 아니었다면 영화를 전공하지 않았을 확률이 높고, 영화라는 매체를 통해 게임을 바라볼 기회도 얻지 못했을 것이다.

하지만 일을 시작한 후에 '영화 같은 게임'에 대한 회의감이 들었다. 코지마 히데오의 게임 스타일이 내가 추구하는 게임과는 맞지 않다는 걸 느꼈다. 게임의 컷신에서 많이 활용되는 영상은 누가 봐도 영화의 문법이다. 플레이어인 내가 할 수 있는 게 없어서 지켜보기만 한다. 잘 활용하면 나쁠 건 없지만 그렇다고 게임답지는 않다. 그동안 나의 믿음이 깨지는 순간, '신'을 영접하고 답을 찾을 수 있었다.

게임 업계에서 세계 3대 게임 개발자라 불리며 칭송받는 사람들이 있다. 〈울티마〉 시리즈의 리처드 게리엇과 〈블랙 앤 화이트〉를 만든 피터 몰리뉴, 〈문명〉을 만든 시드 마이어가 그 주인공이다. 이들은 축구계에서 말하는 인간계 최고의 게임 기획자다. 그보다 위인 신계에 속한 유일한 인물이 〈마리오〉와 〈젤다〉 시리즈로 유명한 닌텐도의 미야모토 시게루다. 그는 자타공인 명실상부한 세계에서 가장 유명한 게임 기획자라 할 수 있다. 그야말로 신이다.

게임을 만들 때 가장 먼저 해야 할 질문은 '게이머에게 어떤 경험을 줄 것인가?'이다. 성공한 게임일수록 답변이 쉽다는 점에서 이 질문의 위대함을 알 수 있다. 이는 비단 게임에만 통용되는 질문이 아니다. 게이머라는 단어 대신 관객을 넣으면 영화에 대한 질문, 독자를 넣으면 소설에 대한 질문이 된다. 경험이라는 게임의 키워드를 극대화할 수 있다면 보다 재미있는 게임이 된다. 내가 찾은 방법은 두 가지였다. 첫 번째는 '함께 플레이하는 것'이다. 온라인 게임이 주류가 될 수 있었던 건 온라인이기에 가능한 멀티 플레이 때문이었다. 협력을 하건 경쟁을 하건 혼자 즐기는 게임과는 완전히 다른 플레이 경험을 준다. 〈스타크래프트〉에 이어 〈리그 오브 레전드〉에 열광할 수밖에 없는 건 이 때문이다. PC방에서 게임을 하면 더 재미있는 것도 친구와 함께할 수 있어서다. 두 번째는 다른 경험을 주는 입력 장치다. 패드의 조작감에서 벗어나, 보다 직관적인 조작이 가능한 〈버추얼 캅〉이나 〈타임 크라이시스〉 같은 아케이드용 슈팅 게임이 대표적인 예다.

닌텐도는 아주 오래전부터 이 두 가지 방법이 적용된 게임을 만들고 있었다. 어린 시절에 즐긴 〈슈퍼 마리오 카트〉가 특히 재미있었던 이유는 2인 분할 플레이 때문이었다. 닌텐도에서 만든 다른 게임들을 살펴봐도 가능하면 함께 즐길 수 있도록 기획되어 있다. 조작 관련해선 NDS의 터치펜, Wii의 모션 컨트롤러를 사용했다. 라이벌이라 할 수 있는 플레이스테이션이 8피트 시절의 패드를 고수하는 것과는 대조적이다. 닌텐도가 오래된 회사이긴 하나 혁명적인 회사는 분명하다. 스위치로 넘어오면서 특이한 형태의 컨트롤러가 상당히 많은데, 패드의 조작감에서 벗어나 새로운 재미를 준다. 닌텐도가 제작한 게임의 판매량이 높은 이유는 게임에 대한 진지한 접근 때문이라 생각한다. 미야모토 시게루는 아래와 같은 말을 남겼다.

> 저에게 있어 세상을 바꾸고자 하는 계획 같은 건 없습니다. 그저 완벽한 게임을 만들기 위해 노력할 뿐이지요. 저는 게임을 통해 어떠한 메시지를 전달해야 한다는 생각을 단 한 번도 해본 적이 없습니다. 제가 하고 싶은 일은 오로지 사람들을 즐겁게 만드는 일뿐입니다.

이런 철학이 있기 때문에 〈마리오〉와 〈젤다〉와 같은 게임을 만들 수 있었다고 생각한다. 메시지가 있는 게임도 좋지만 정도가 심해지면서 〈더 라스트 오브 어스 2〉와 같은 문제작이 나왔다. 내가 게임 시나리오 작업을 하는 원칙은 '플레이를 통한 스토리 전달'이다. 텍스트 사용 역시 최소화하려고 한다. 텍스트를 읽으려고 게임을 하는 사람은 없다. 게임은 게임다울 필요가 있다. 스토리는 게임을 보다 재미있게 만들기 위한 도구 중 하나다. 영상도 마찬가지다. 게임 시나리오 기획자로 일하는 내가 이런 말을 한다는 게 아이러니하게 들릴지도 모르겠다. 미야모토 시게루가 남긴 숱한 명언을 남겼지만 내가 가장 좋아하는 말은 아래와 같다.

> 모든 경험은 결국 삶의 양식이 되기 때문에 인생에 헛된 것은 하나도 없습니다.

게임 기획자뿐 아니라 창작을 하는 사람이라면 반드시 가져야 할 태도가 아닐까 한다. 언젠가 나는 자연사 박물관에서 아프리카 조각상을 본 적이 있다. 형태와 색감이 그동안 내가 아는 감성과는 너무 달라서 인상적이었다. 피카소가 매료될 수밖에 없었던 이유를 알 수 있었다. 그 조각상을 감상하며 이 모양을 모티브로 몬스터로 만들면 좋겠다는 생각을 잠시 했다. 내가 어떤 경험을 하건 내가 하는 일과 연결된다는 점이 놀라웠다. 게임 기획자로 일하다 보면 공부할 게 너무 많다는 것을 알게 된다. 다행이라면 나는 이런 공부가 싫지 않다는 거다. 미야모토 시게루가 만든 게임 중에 내가 가장 좋아하는 게임은 〈스타폭스〉 시리즈다. 아는 사람만 아는 게임이긴 한데, 〈스타폭스 64〉 조작감과 패드의 진동이라는 특별한 경험에 매료되었다. 별도의 배터리까지 사용하는 이 진동팩은 게임의 몰입도를 한층 높여준다. 이 게임 역시 4인 분할 플레이가 가능하다.

미야모토 시게루가 위대한 이유는 소프트웨어뿐만 아니라 하드웨어에 대한 고민까지 같이 한다는 데 있다. 무신론자인 내가 유일하게 섬기는 신이 미야모토 시게루다.

미래를 여는
게임 기획자
[UPDATE]

한국 영화와 일본 영화의 질적인 차이는 구조에서 기인한다. 일본의 영화감독은 회사에 소속되어 월급을 받고 일한다. 영화가 흥행에 성공하건 실패하건 가져가는 수익의 차이가 크지 않다. 이런 상황에서 영화에 열정을 불태울 감독은 몇이나 될까? 이에 반해 국내는 영화 한 편만 찍고 은퇴한 감독이 대부분일 정도로 경쟁이 심하다. 영화를 대하는 태도에서 차이가 날 수밖에 없다. 거기다 일본에서 흥행하는 영화 대부분은 원작이 있다. 영화 자체로 의미가 있다기보다는 원작 팬을 위한 서비스에 가깝다. 영화의 완성도가 높지 않아도 흥행에는 전혀 문제가 없다. 제작하는 입장에선 굳이 모험을 할 필요가 없기 때문에 일본 영화계의 갈라파고스화는 당연한 수순이다.

문제는 현재 국내 게임 업계의 상황도 일본 영화계와 크게 다르지 않다는 점이다. 온라인 게임의 성공 공식은 여전히 유효하기에 국내 게임 회사 입장에선 모험을 할 필요가 없다. 이런 게임을 만들 때 필요한 사람은 안정성을 추구하는 일본의 영화감독이다. 만약 박찬욱이나 봉준호처럼 실험적인 게임 기획자가 되겠다고 생각했다면 이 괴리가 더욱 크게 느껴질지 모르겠다. 경력자들이 신입 기획자에게 "네가 원하는 게임을 만들 수 없다"라고 말하는 건 스스로에게 건네는 안타까움의 표현이기도 하다. 지금처럼 성공 가능성이 높은 비슷한 게임만 만들다간 '아타리 쇼크(1983년 북미 비디오 게임 업계를 강타한 유례 없는 경기침체 사건)'와 같은 일이 벌어질지도 모른다. 자기복제에만 열을 올리는 게임 회사들은 천천히 끓는 냄비 속의 개구리와 다를 바 없다. 자신이 죽어간다는 사실을 모르고 있다.

지금의 위기에서 벗어나기 위한 유일한 방법은 게임 기획자가 게임 개발의 중심에 서는 것이다. 한국 영화의 위상이 지금과 같은 위치에 오를 수 있었던 이유는 박찬욱, 봉준호 같은 스타 감독 때문이다. 국내 게임 업계도 이런 게임 기획자를 많이 키울 필요가 있다. 능력이 뛰어난 게임 기획자가 역량을 발휘할 수 있는 환경이 조성되어야 한다. 가장 좋은 건 인디 게임 시장의 활성화다. 인디 게임은 거둬들일 수 있는 수익은 한정적이지만 리스크도 적고 다양한 시도를 할 수 있다. 성장을 위한 가장 빠른 방법은 끝을 경험하는 것이다. 실패의 횟수가 는다는 건 성공 확률이 올라간다는 의미이기도 하다. 약간의 희망을 찾자면 크래프톤의 챌린저실이나 넥슨의 민트로켓, 인디게임에 집중하는 네오위즈의 시도다. 아직 내부 사정이나 성공 여부는 모르겠다. 그럼에도 이런 시도는 게임 업계의 발전에 도움이 될만하다. 온라인 게임의 성공 공식이 있다고 하지만 그 안에서 시도해 볼 수 있는 것들도 많다. 보통은 실패에 대한 부담 때문인지 기존의 틀에서 벗어나려고 하지 않는다. 나는 일하면서 새로운 제안을 많이 하는 편인데 기존 게임에서 근거를 찾아오라는 말을 많이 들었다. 제안의 타당성을 검토하는 것이 아니라 레퍼런스가 있느냐를 검토하는 식이었다. 이런 환경에선 누구도 새로운 시도를 하지 않게 된다.

게임 기획자가 대중과 가까워질 필요도 있다고 본다. 영화감독과 달리 유명한 게임 기획자는 아는 사람만 안다. 자기 브랜딩 시대에 맞지 않은 행보다. 영화감독은 사실상 프리랜서지만, 게임 기획자는 회사에 소속되어 있다는 점에서 활동의 제약이 많은 것은 사실이다. 그럼에도 게임 기획자가 대중적인 인지도를 높일 수 있다면 분명 긍정적인 효과가 있다. '문명하셨습니다'라는 밈으로 유명한 〈문명〉은 '시드 마이어의 문명'으로 불린다. 〈배틀 그라운드〉 역시 '플레이어 언노운'이라는 제작자의 닉네임이 붙어 있다. 우리는 박찬욱, 봉준호 감독의 신작이 나왔다면 내용과 상관없이 일단 기대하고 영화관으로 향한다. 나는 게임 기획자의 이름만 보고 게임을 구매하게 되는 세상을 꿈꾼다. 지금 말한 게임 기획자는 디렉터급에 해당되는 이야기일 순 있지만 디렉터도 게임 기획자라는 사실엔 변함이 없다. 나는 〈무한도전〉과 같은 대중적인 예능에 게임 기획자가 고정 출연하는 세계를 꿈꾼다.

국내 게임 업계의 고질병 중의 하나가 게임 시나리오에 대한 지지부진한 투자다. 말로만 중요하다고 하면서 관련 투자를 전혀 하지 않는다. 100명이 넘는 대규모 프로젝트에서도 메인 게임 시나리오 기획자가 한 명인 경우가 왕왕 있다. 스토리 창작은 기본적으로 다수일 때 시너지가 높다. 우리가 칭송하는 미국 드라마의 높은 완성도의 비밀은 팀 작업이다. 팀 단위의 게임 시나리오 작업은 시대의 흐름이다. 게임 하나를 만드는 데 드는 비용을 생각한다면 한 명을 더 고용하더라도 크게 부담 가진 않을 거다. 사수와 부사수의 관계가 제대로 만들어진다면 게임 시나리오 기획자 양성에도 도움이 된다. IP를 활용한 게임 제작에 열을 올릴 것이 아니라 IP가 될 수 있는 게임을 만들려는 시도도 필요하다고 본다. 제대로 된 게임 시나리오 기획자가 없다는 말을 자주 하는데 그에 맞는 대우가 시급하다. 메타버스라는 새로운 흐름에 가장 필요한 인재는 가상 세계를 창조할 수 있는 게임 시나리오 기획자다.

내가 일하면서 들은 최고의 칭찬은 나만큼 자기 이야기를 잘 듣고 의견을 반영해 주는 게임 기획자가 없었다는 말이다. 기뻤지만 내가 특별히 대단한 일을 했다고 생각하진 않는다. 그저 그 주장이 합리적이었기 때문에 수용했을 뿐이다. 게임 기획자로서 가져야 할 너무 당연한 태도였다. 나에게 이 이야기를 해준 사람은 경력 10년 차 UI/UX 디자이너였는데, 다르게 본다면 긴 시간 동안 그 당연한 일을 하는 게임 기획자를 거의 만나보지 못했다는 뜻이다.

게임 기획자들이 많이 하는 실수 중 하나는 자신이 반드시 뭔가 해야 한다는 강박관념을 갖는 것이다. 그러나 중요한 건 내 주장을 관철하는 게 아니라 더 나은 주장을 받아들이는 태도다. 다른 파트 사람이나 나보다 경력이 짧은 누군가가 기획에 관해 다른 의견을 제시하더라도 그 주장이 합리적이라면 기꺼이 수용할 줄 알아야 한다. 협업은 단순히 일만 같이하는 것이 아니다. 게임의 성공이라는 공동의 목표를 위해 하나의 팀으로서 일하는 것이 진정한 의미의 협업이다. 흔히 말하는 '원팀'이 되어야 한다. 그래서 나는 '고집이 없는 게 고집인 사람'이 되고 싶다. 내 주장만을 고집하고 싶지는 않지만 이 태도만큼은 끝까지 지니고 있으려 한다.

　　이건 내가 더 나은 게임 기획자가 되기 위해 끊임없이 고민한 결과다. 이 책을 집어 든 독자라면 게임 기획자가 되고 싶거나, 혹은 게임 업계에 관심이 있는 사람일 것이다. 나는 이들에게 꼭 말해주고 싶다. 스스로 고민하고 질문을 던지는 사람이 되어야 한다고. 그러다 보면 어느 순간 자신만의 답을 찾아낼 수 있을 것이다.

그 게임, 내가 만들었어요

초판 1쇄 발행	2022년 7월 1일
지은이	이진희
펴낸곳	(주)행성비
펴낸이	임태주
책임편집	이세원
디자인	페이지엔
출판등록번호	제2010-000208호
주소	경기도 파주시 문발로 119 모퉁이돌 303호
대표전화	031-8071-5913
팩스	0505-115-5917
이메일	hangseongb@naver.com
홈페이지	www.planetb.co.kr

ISBN 979-11-6471-193-2 (03370)

행성B는 독자 여러분의 참신한 기획 아이디어와 독창적인 원고를 기다리고 있습니다. hangseongb@naver.com으로 보내 주시면 소중하게 검토하겠습니다.